国家社科基金一般项目："结构性风险、债务危机与地方政府性债务治理"

我国地方政府债务的风险摆脱与治理路径选择

Research on the Risk Prevention and Governance of Local Government Debt in China

郑 洁◎著

中国财经出版传媒集团

经济科学出版社

Economic Science Press

图书在版编目（CIP）数据

我国地方政府债务的风险摆脱与治理路径选择 ／ 郑洁著 . -- 北京：经济科学出版社，2023.7
ISBN 978 - 7 - 5218 - 4934 - 9

Ⅰ . ①我… Ⅱ . ①郑… Ⅲ . ①地方财政 – 债务管理 – 风险管理 – 研究 – 中国 Ⅳ . ①F812.7

中国国家版本馆 CIP 数据核字（2023）第 128685 号

责任编辑：杜 鹏 郭 威
责任校对：王京宁
责任印制：邱 天

我国地方政府债务的风险摆脱与治理路径选择
郑 洁 ◎ 著
经济科学出版社出版、发行 新华书店经销
社址：北京市海淀区阜成路甲 28 号 邮编：100142
编辑部电话：010 – 88191441 发行部电话：010 – 88191522
网址：www. esp. com. cn
电子邮箱：esp_bj@ 163. com
天猫网店：经济科学出版社旗舰店
网址：http：// jjkxcbs. tmall. com
固安华明印业有限公司印装
710 × 1000 16 开 10 印张 170000 字
2023 年 7 月第 1 版 2023 年 7 月第 1 次印刷
ISBN 978 - 7 - 5218 - 4934 - 9 定价：59.00 元
（图书出现印装问题，本社负责调换。电话：010 - 88191545）
（版权所有 侵权必究 打击盗版 举报热线：010 - 88191661
QQ：2242791300 营销中心电话：010 - 88191537
电子邮箱：dbts@ esp. com. cn）

序　言

　　地方政府债务是促进地方经济发展和改善民生环境的重要杠杆与主要手段，也是实施积极财政政策的重要工具。尤其是 2020 年新冠疫情以来，地方政府债务在支持疫情防控、推动疫后经济修复等方面发挥了不可或缺的作用。自 2008 年国际金融危机以来，地方政府债务规模急速扩张，对拉动经济增长起到了积极作用，但伴随着经济发展进入新常态，其引发的各类风险也逐步显现，引起了各界对地方政府债务风险的思考和担忧。中华人民共和国审计署（以下简称审计署）于 2013 年 6 月公布的地方政府性债务的规模为 178908.66 亿元①，财政部于 2015 年 1 月 5 日完成了地方政府债务的清理甄别工作。2015 年 1 月 1 日生效的《中华人民共和国预算法》第 35 条允许地方政府发债，开了"前门"，规范了地方政府债务的举借渠道。国务院、财政部等陆续出台了一系列法律法规和政策办法，从多个层面对地方政府债务进行规范，堵住"后门"，从严整治无序举债乱象，有效地防范了债务风

---

① 审计署：《截至 2013 年 6 月底地方政府负有偿还责任的债务逾 10 万亿》，人民网，2013 年 12 月 30 日。

险。然而在地方政府债务的发行、使用、管理及偿还等方面还存在着一些亟待解决和完善的问题。因此，细致梳理地方政府债务的发展现状，深入剖析地方政府债务在各运行环节可能存在的风险，建立地方政府债务风险预警体系，选择科学有效的风险治理路径，确保地方经济健康平稳和高质量运行，这是现实问题对理论研究的迫切要求。

书中对我国地方政府性债务、地方政府债务、地方政府债券以及隐性债务均进行了深入分析，认为地方政府债务风险的防范和化解不是某一种制度的改革所能实现的，需要中央政府的顶层设计、多部门的工作协调、经济体制改革、相关法律制度的建立健全等"一揽子"计划的综合完善，还需要外部监督和正向激励机制相结合。既要对地方政府债务实施适度监管，同时也要保障地方政府的合理举债需求，更要强化市场力量对地方政府债务的约束，还要构建对地方政府债务管理的正向激励机制。在风险化解的具体方式上，不可简单粗暴"一刀切"，要采取以疏代堵、直接和间接、统一性和差异化等并存的多元化方式，"打开前门、堵严侧门、关紧后门"，实现地方政府债务融资机制的公开透明和科学合理；还要充分利用政府鼓励社会资本进入基础设施投资领域的改革契机，大力推进政府和社会资本合作模式（PPP），实现债务风险防范、治理及地方公共产品供给效率提升的多赢局面。经济新常态下，必须把地方政府债务可能存在的各类风险防控常态化，如此，地方政府债务才真正为地方政府打开了一扇规范融资的"前门"。

《中华人民共和国宪法》第107条规定，由县级以上地方各级人民政府依照法律规定的权限，管理本行政区域内的经济、教育、科学、文化、卫生、城乡建设事业和财政、民政、司法行政等行政工作。尤其在当前，地方政府在加强医疗保险和养老保险、改善人民生活、推进基础设施建设等民生支出方面负有重要职责，地方政府依然有着较为强烈的资金需求，因此，地方政府债务还可能呈刚性增长趋势。地方政府债务已成为理论界和实务界所关注的焦点内容，它不仅关系地方经济发展的微观问题，更涉及经济社会能否稳定持续运行的宏观问题。党中央高度重视防范化解重大风险，继党的十九大把防范化解重大风险作为三大攻坚战之一[①]，党的二十大又再次强调牢牢守住不发生系统性风险底线[②]，中央经济工作会议把防范化解地方政府隐性债务风险、守住不发生系统性风险底线[③]作为 2023 年重要工作任务之一，习近平总书记在会上发表重要讲话，提出有效防范化解重大经济金融风险是当前工作的几个重大问题之一[④]。本书共分七个部分，遵循"理论分析→现状剖析→风险考察→成因分析→预警体系构建→路径选择"的逻辑链条对地方政府债务风险摆脱及其治理展开探索性研究，进而为促进地方经济发展和社会跨越式进步贡献力量，真正实现地方政府对供给侧结构性改革和经济高质量发展的促进作用。

笔者

2023 年 5 月

---

① 《在高质量发展中促进共同富裕　统筹做好重大金融风险防范化解工作》，载于《人民日报》，2021 年 8 月 18 日。

② 郭树清：《加强和完善现代金融监管（认真学习宣传贯彻党的二十大精神）》，载于《人民日报》，2022 年 12 月 24 日。

③ 周延礼：《防风险　稳增长　金融助力经济高质量发展》，载于《人民政协报》，2022 年 12 月 28 日。

④ 习近平：《当前经济工作的几个重大问题》，载于《求是》2023 年第 4 期。

目　　录

第 1 章

绪　　论

1.1　研究背景、研究意义和研究目标

1.1.1　研究背景

地方政府债务是实施积极财政政策的重要手段之一，也是促进地方经济发展和民生改善的重要杠杆，对经济稳定和支撑固定资产投资起到了非常明显的推进作用。随着经济体制改革的不断深化，工业化和城镇化进程加快，地方政府越来越多地承担起促进地方经济发展、扩大基础设施建设的职能，建设性融资需求急剧攀升。在 2015 年之前，地方政府绕过 1995 年实施的《中华人民共和国预算法》①（以下简称 1995 年版《预算法》）的约束，通过

---

① 书中 1995 年版《预算法》是于 1994 年 3 月 22 日第八届全国人民代表大会第二次会议通过，于 1995 年 1 月 1 日起开始施行；2014 年 8 月 31 日第十二届全国人民代表大会常务委员会第十次会议《关于修改〈中华人民共和国预算法〉的决定》是《预算法》的第一次修正，2015 年版《预算法》于 2015 年 1 月 1 日起开始施行；2018 年 12 月 29 日第十三届全国人民代表大会常务委员会第七次会议《关于修改〈中华人民共和国产品质量法〉等五部法律的决定》是《预算法》的第二次修正，该版本于 2018 年 12 月 29 日实施。从地方政府债务角度而言，2015 年实施的《预算法》与 1995 年实施的《预算法》相比地方政府发债权相关内容有明显变化，2018 年修订的《预算法》进一步确立了地方政府举债的基本规则；鉴于侧重点不同，书中主要对 1995 年和 2015 年实施的《预算法》进行了对比分析，强调地方政府举债权的变化。

各种举债融资方式获取了大量债务资金用以大规模的地方公共基础设施建设。这些主客观多重因素叠加，最终导致我国地方政府债务规模迅速攀升、结构性风险凸显。这些已有风险要通过健全的法律法规、有效的制度设计、有针对性的预警机制、完备的机构监管和内部管控等来防控，以免对整个宏观经济运行造成系统性的不利冲击。有效防控地方政府债务风险，是近年来我国政府经济工作一直关注的重要任务之一。2013 年 12 月、2015 年 12 月、2018 年 12 月、2019 年 12 月、2022 年 12 月的中央经济工作会议均明确提出要有效化解地方政府债务风险。通过研究地方政府债务及其风险治理问题，形成地方政府债务与地方经济发展的良性循环，推动地方经济更高质量、更有效率、更加公平、更可持续的发展。

1.1.1.1 2015 年版《预算法》

自 20 世纪 90 年代以来，地方财政运行中存在的财政支出压力异常强劲，尤其是基层政府，其财政水平不足以支撑大规模城镇化建设，于是为积极寻找资金突破口为地方城镇化融资，地方政府的举债行为大量出现。但是，1995 年版《预算法》《中华人民共和国担保法》（以下简称《担保法》）等法律法规明确除国务院特别批准外，地方政府不得举债，使地方政府债务长期处于监管的灰色地带。2015 年 1 月 1 日施行的《中华人民共和国预算法》（以下简称 2015 年版《预算法》）第 35 条允许地方政府适度发行债券，以此方式筹集公共基础设施建设资金，希望能彻底关闭 2015 年之前地方政府各种"暗度陈仓"变相举债的"后门"和"侧门"，将地方政府各类债务透明化和显性化，缓释以至消除地方政府债务风险。同时，也有利于构建"一级政府、一级财政"的科学预算框架，实现财政事权与支出责任的匹配，向现代化的国家治理转型。

1.1.1.2 不断规范的地方政府债务管理制度

长期以来，受相关法律和政策所限，地方政府在建设资金匮乏和融资渠道不畅的背景下，隐性变相举债盛行，其中最主要的方式是借由融资平台公司来筹集资金。但是，由于缺乏全面系统的债务管理体制机制，地方政府债务一直游离于预算之外，使债务收支不透明，偿还风险不断增大；还有很多地方政府存在多头举债问题，缺乏监督机制，重借不重还。2014 年 10 月 2 日国务院发布的《国务院关于加强地方政府性债务管理的意见》（以下简称"43 号文"）及 2015 年 1 月 1 日施行的 2015 年版《预算法》都明确了中央政府在举债主体、举债方式、举债规模、举债程序等方面对地方政府发债的要求，建立了地方政府偿债约束机制，有利于地方政府形成稳定、规范的融资渠道，进一步完善地方政府债务的风险管理制度。

1.1.2　研究意义

1.1.2.1　研究地方政府债务风险及治理的理论意义

地方政府债务发挥着逆周期和国民经济的自动稳定调节功能，是政府履行宏观调控职能的重要资金来源之一，对应对新冠疫情冲击、化解地方财政支出压力、稳定经济基本盘实现经济社会的全面发展有着重要意义。如果没有对政府债务进行有效管理，必然会制约经济社会的健康发展，也必然会增加债务风险，还有可能引发区域性和系统性风险。因此，防范和化解地方政府债务风险，是现实问题对理论研究的迫切要求。

实施 2015 年版《预算法》之后，地方政府债券成为地方政府债务的唯一合法形式，地方政府发行债券涉及法律、财政、金融等多个不同领域，一个完备的政府债券市场不仅需要地方政府具备清晰的财权与事权划分、稳定的财政收入以及完善的信用评估机制，还需要健全的信息披露制度、问责和纠错机制等。在当前的经济社会环境下，我国省级地方政府已经具备适度发债权，但以上所述的体制机制在我国还不完善和成熟，因此，地方政府发债先天蕴含着不确定性。经济新常态下，必须把地方政府发债可能存在的各类风险防控常态化，地方政府发债才真正是一道可行的融资"前门"。

具体而言，本书的学术价值主要体现在以下几个方面。

（1）把财政分权理论、风险理论、债券理论与我国地方政府发债实践相结合，高度剖析地方政府债务面临的风险，进一步厘清了政府和市场的关系，践行和丰富了现代公共财政理论。同时，完善地方政府举债机制也是我国新型城镇化推进及经济高质量发展过程中亟待解决的问题；地方政府债务问题与现行财税体制和行政体制紧密相关，解决好这一问题有助于充分发挥财政在国家治理中的基础和重要支柱作用。

（2）剖析地方政府债务面临的各类型风险。因为地方政府的发债权限在2015年版《预算法》中已经明确，因此地方政府该不该发债已经不是本书关注的问题，当下本书的研究焦点主要聚集于如何保障地方政府债券在发行、流通、使用及偿还等环节的规范性、科学性和安全性；债券发行规模与地方政府融资需求状况是否相匹配；融资利率与市场如何接轨；投资者能否完全了解地方政府的综合财力状况；当前的信用评级是否能真正体现出各发债主体的差异性；地方政府拥有和控制的国有资产及资源是否可以作为偿债资金的来源；如果地方政府违约，该如何保护投资者的利益；等等。需要对这些已经显现的和正在隐藏的风险进行全方位的梳理，建立合理的地方政府举债机制和风险治理机制，达到切实防范、控制和治理经济领域内各类风险的目的。

1.1.2.2 研究地方政府债务风险及治理的现实意义

（1）提升地方政府债务的透明度和信用水平。发行地方政府债券的初衷之一就是要充分利用市场的力量。在完善的债券市场里，债券的市场表现和它的信用等级是密切相关的。投资者在投资之前会参考地方政府的信用评级结果；而且在规范的信用评级制度下，各类市场投资主体都会要求地方政府披露其财政状况，结果必然会缓解中央和地方政府之间、地方政府和投资主体之间的信息不对称风险，这些都将促使地方政府提高债券透明度，提升信用评级。

（2）有利于规范地方政府的举债行为。在地方政府举债机制尚未建立之前，存在规模较大、举债多头、监管缺失等问题。2015年版《预算法》实施后，地方政府规范举债机制得以建立，在举债主体、举债方式、举债规模、举债程序等方面都有了明确要求，有利于地方政府建立科学、规范的融资渠道。

（3）有利于健全债券市场。债券市场，尤其在发达国家，是资本市场的一个重要组成部分。在我国，2009 年之前的债券市场里包括国债、企业债券和金融债券等品种，但还没有出现地方政府债券。一般地，地方政府债券被称为"银边债券"，它的地位仅次于有"金边债券"之称的国债。如果地方政府债券进入资本市场，不仅有利于拓宽社会资本的投资渠道，丰富债券市场的产品形式，还能实现货币政策和财政政策的相互配合，最终推动债券资本市场的进一步发展（闫鲁宁，2010）。2019 年，首批 6 个参与地方债柜台发售的试点地区分别为宁波市、浙江省、四川省、陕西省、山东省和北京市，个人和企业投资者都可购买。2021 年 1 月 14 日，财政部出台《关于进一步做好地方政府债券柜台发行工作的通知》，要求进一步做好通过全国银行间债券市场柜台发行地方政府债券工作，这有利于进一步拓宽地方政府债券发行渠道，更好满足个人和中小机构投资者需求。

1.1.3 研究目标

当前我国政府发展社会经济、提升面向全体社会成员的基本公共服务能力以及改善民生环境等诸多任务还相当艰巨，地方政府债务还存在着刚性增长的冲动。那么，如何更加深入清晰地界定政府与市场间的关系，科学确定债务发行规模，进而提高债务资金的使用效益；如何实现偿债资金的多元化，增强政府的偿债能力；如何提高政府信息透明度，从体制和机制上双重保障对债券资金的"借、用、还"等环节的全面管理，最终控制和防范地方政府债务风险，更好地促进新型城镇化、社会保障、民生工程等各项事业高质高效的推进，真正实现地方经济的健康可持续发展，避免对整个宏观经济运行带来系统性的不利冲击，是摆在我们面前的一个现实问题。

1.1.3.1 剖析地方政府债务风险现状

我国地方政府债务规模庞大且构成复杂，不仅包括公布公开的显性债务，还有以各种隐匿渠道取得的不规范的隐性债务，本书力图通过全过程解析地方政府债务各阶段的发展情况，判断可能隐藏的各类风险，真正实现地方政府债务对地方经济高质量发展的"杠杆"撬动作用。

1.1.3.2 健全地方政府债务管理制度

通过对我国地方政府债务的发展现状、债务规模、形成原因、风险分析与识别等问题的梳理，对我国地方政府债务风险的控制与治理路径展开全面研究，并从地方政府债务法规、信息披露、统计口径、债务预警等角度对其管理制度提出规范性建议，建立并完善地方政府债务风险预警体系，不断落实债务问责机制，促使地方政府官员树立正确的举债观，改进唯 GDP① 的片面政绩考核观，最终完成党的十九大提出的促进现代财政制度建立的目标。

1.1.4 研究内容

本书对于地方政府债务问题的研究主要从以下方面展开。

第 1 章为绪论，主要介绍本书的研究背景、学术价值和应用价值、研究目标，以及国内外相关研究的学术史梳理及研究动态。

第 2 章为我国地方政府债务的一般性分析，首先对我国地方政府债务的相关概念进行一般性分析，辨析地方政府性债务、地方政府债务、地方政府债券及地方政府隐性债务之间的区别与联系；其次分析了地方政府一般债券与专项债券的异同，介绍统一发债、财政部代发与地方政府自主发债三种模式；最后介绍了地方政府债务的不同分类和地方政府发债的理论基础。

第 3 章主要围绕我国地方政府债务的发展现状展开进一步探讨，按时间顺

---

① GDP 即国内生产总值。

序梳理了地方政府债务的发展历程，对我国地方政府债务现状进行深入剖析。

第4章分别从地方政府债务举借环节的风险、使用环节的风险、管理环节的风险、偿还环节的风险以及地方政府隐性债务风险等不同维度进行分析，对我国地方政府债务做出总体债务风险判断——目前我国地方政府债务风险总体是可控的、安全的，但在"新常态"背景下我国地方政府债务还隐藏着诸多结构性风险。

第5章从理论形成机制和现实形成原因两个方面对我国地方政府债务成因进行分析。首先从风险理论、博弈论、委托代理理论、效用论、不对称信息理论、官僚理论以及金融资产价格波动理论等不同理论视角出发，对我国地方政府债务形成机制展开理论探讨；其次根据我国实际情况提出地方政府债务风险的现实成因——经济体制转轨的不彻底、制度短缺和现实需要之间存在矛盾、地方政府事权与支出责任的不匹配、国内经济"三期"叠加等影响。

第6章首先从地方政府债务风险预警体系的构建目标、构建原则、构建流程、组织体系四个方面详细阐述了地方政府自主发债风险预警体系的构建思路。其次通过模糊评价法、人工神经网络预警法、多变量判别分析法、ARCH模型预警法和因子分析法进一步补充完善我国地方政府自主发债风险预警办法，并详细介绍运用因子分析法如何实现地方政府债务风险预警。

第7章阐述了我国地方政府债务风险的治理路径选择，具体包括：完善地方政府债务的市场化管理机制，防范市场风险；建立规范的地方政府债务使用机制，防范使用风险；完善地方政府债务偿还机制，防范信用风险；构建多层次监管体系，防范公共风险等。

第8章为结语，对本书的内容做出总结并提出下一步研究展望。

1.2 文献梳理及评述

地方政府债务是发展地方经济和改善民生环境的重要杠杆，但是，在其运行过程中却出现了由于政治、经济、法律和社会等方面的制度缺失和体制弊端所导致的风险，这些问题备受社会各界关注。在新常态经济形势下，如何准确地辨别和判断地方政府存在的债务风险，如何真正实现地方政府举债的初衷，进而实现债务风险的有效治理，正是需要我们深化研究的现实课题。这一系列问题受到国内外学者热切关注。

1.2.1 国外文献综述

地方政府发行市政债券在国外已相对成熟，国外学者的研究也相应较早起步，因此国外学者对地方政府债务的经济效应及理论分析相对更加细致透彻。

1.2.1.1 地方政府债务的利弊分析

国外学者的研究从亚当·斯密（Adam Smith，1776）、大卫·李嘉图（David Ricardo，1817）的古典公债理论认为公债对经济有害，到卡尔·迪策耳（Karl Dietzal，1855）、凯恩斯（Keynes，1936）质疑并推翻古典公债理论，认为公债是重要的政策手段，自此形成了地方政府债务利大于弊的主流观点（Temple，1994；Wallis，2000）。蒂布特（Tiebout，1956）、马斯格雷夫（Musgrave，1959）、斯蒂格勒（Stigler，1966）、奥茨（Oates，1972）等认为地方政府比中央政府能更为有效地提供地方性公共物品，也更能改善公众福利，因此由地方政府举债为地方投资项目融资比使用当期地方财政收入更为合理。克里斯廷和迪帕克（Christine and Deepak，2002）认为中央财政的支持有限，而地方政府的建设资金需求量也较大，同时地方政府为基础设施建设产生的投融资债务可以促进经济增长，那么允许地方政府举债是有效率的，前提条件是要制定合理的监管和报告制度。

1.2.1.2 地方政府债务的资源配置效应分析

在地方政府发债"利大于弊"的主流观点形成后，后续的研究重点集中于地方政府债务对资源配置的有效性（Stigler，1957；Oates，1972；Seabright，1996；Schutz，2000；Vander Ploeg，2004；W. Bartley Hildreth，2005）。詹姆斯·莱斯兰（James Leisland，1997）研究了快速城镇化的新兴市场国家该如何借鉴和参考美国市政债券的成功经验，并制定了合理的政策以期实现经济发展目标。克里斯汀和迪帕克（Christine and Deepak，2003）认为中央财政的支持有限，地方政府又有较大的建设资金需求，如果这种资金需求又可以促进经济增长，很显然，允许地方政府发债是有效率的，前提是一定要制定合理的监管和财务报告制度，还建议中国应该允许地方政府举债，并使其真正承担责任。

1.2.1.3 地方政府债务风险及其治理分析

亨普尔（Hempel，1973）、特热钦卡（Trzcinka，1999）认识到地方政府债务的信用风险，而且由于地方政府债务的特定作用和政府政策的不可预测性，在某种程度上其信用风险要大于同等信用级别的企业债券。亚米兹（Yamitz，1978）基于利率的视角研究了地方政府债券的风险溢价。基德韦尔和特热钦卡（Kidwell and Trzcinka，1989）认为大量发行较高利率的地方政府债券是造成金融危机的主要根源。汉娜（Hana，1998）建立了财政风险矩阵，并以此分析了政府可能面临的四种财政风险；从基于可支配财政资源的角度提出了财政风险对冲矩阵，用以补充剖析财政风险，并分析了政府可能用于偿付债务的收入来源；把这两个矩阵合并分析，得到了政府资产负债管理的扩展版框架。布鲁卡托（Brucato，2001）对地方政府债券市场的风险形成机制作了相关研究，认为发行人的初次发行、债券规模小、政府信息公开不及时和透明度不足，这导致市政债券市场上信息不对称以及个人投资者是购买主体的主要原因。格雷戈里·R. 斯通和 S. 权李（Gregory R. Stone and S. Ghon Rhee，2003）通过分析美国、加拿大两国关于市政债券的管理制度及其运行机理，认为市政债券银行能帮助经济欠发达地区发行小额低利率的市政债券、提高其信用评级并降低其筹资成本，提出亚洲地区也应该建立市政债券银行。地方政府作为市场主体参与市场化融资，成熟的金融市场必然要求其能够提供及时准确的财政及债务信息，而且由市场来决定参与主体和进入程序（Freire and Petersen et al.，2004）。伯纳德·D. 和克里斯蒂娜·B. T.（Bernard D. and Krisztina B. T.，2009）认为地方政府的举债行为先反映其财政能力，更深层次则涉及自我约束问题，即强调了监管的重要性。

1.2.1.4 地方政府债券的利率分析

莫斯蒂努和拉卡图斯（Mosteanu and Lacatus，2010）通过分析罗马尼亚的债券交易市场，提出债券市场的成熟度与市政债券利率之间具有很强的关联性，并分析了罗马尼亚市政债券存在的信用风险、利率风险和流动性风险等，结合相关模型得出罗马尼亚市政债券的流动性溢价小于零，实际债券利率小于预期利率。

1.2.1.5 地方政府债务风险管理模式分析

特米纳西（Ter-Minassian，1997）把地方政府债务风险管理模式划分为四类：以美国、加拿大为代表的市场约束模式；以德国、意大利为代表的制度约束管理模式；以英国、日本为代表的中央集权模式；以澳大利亚、南非为代表的中央与地方共同管理模式。得出结论：实行中央集权模式的国家会根据经济形势变化不断变革制度，进而不断调整地方政府自主权，纯粹市场约束模式并不具备普遍性，只适用于部分国家。S. 权李等（2003）主要对美国、加拿大两国的地方政府债务银行及其业务运行进行分析，建议在亚洲各个国家施行。罗登·艾斯克兰德和威廉均认可了中央政府在管理中的主导作用，但也要通过各种合理途径尽可能地满足地方政府的真实债务需求。

1.2.1.6 降低地方政府风险的渠道分析

拉里·E. 和迈克·S. 皮沃瓦（Larry E. and Mike S. Piwowar，2007）认为债务风险产生的原因之一是地方政府的融资成本较为昂贵，所以他们提出的对策为降低和控制地方政府的这种债务利息支出。伯纳德和克里斯蒂纳（Bernard and Krisztina，2009）提出地方政府的举债行为不仅是一个财政能力问题，更是一个自我控制问题，并强调了监管体系的重要性。苏希扬坦·巴斯卡兰（Thushyanthan Baskaran，2009）提出要限制地方政府的过度举债行为，这可以在一定程度上减少债务规模。马蒂亚斯·多尔和安德烈亚斯·佩希尔（Mathias Dol and Andreas Peichl，2012）提出了通过编制地方政府债务预算以及预算评估和审核限制地方政府债务规模，进而摆脱可能会产生的债务风险。

1.2.2 国内文献综述

基于 1995 年版《预算法》的限制，除国务院特别批准外，地方政府不能举债，但客观上，地方政府债务却一直存在着，刘尚希、赵全厚（2002）率先运用汉娜（1998）提出的财政风险矩阵并结合我国的具体情况，把政府债务分为显性直接负债、隐性直接负债、显性或有负债、隐性或有负债四大类。

1.2.2.1 对地方政府自主发债权限的探讨

国内学者在地方政府是否具有发债权这一问题上的观点基本一致，均认为应该赋予地方政府举债权。2015 年版《预算法》赋予省级地方政府适度发债权，这也与多数国内学者之前所持有的观点一致（林好常，1999；张海星，2000；贾康，2002；韩立岩等，2003；宋立，2004；魏加宁，2004；刘尚希，2005；汪涛，2006；胡春兰，2006；时炜，2009；杨志勇，2009；刘楠楠，2014；王志国，2020），学者们认为应逐步放开地方债券市场，赋予地方政府发债权。张强和陈纪瑜（1995）分析了地方政府债务风险与政府投融资之间的关系。刘尚希和赵全厚（2002）把政府债务和政府可支配资源联系起来进行分析，进而判断政府的财政风险状况。寇铁军和张海星（2007）认为地方政府性债务风险状况是诱发我国财政外部性的重要因素之一。魏加宁（2009）把地方政府债券与国债转贷、银行贷款及隐性负债等地方政府融资方式相比，详细比较了其在项目效益、降低银行风险、项目风险控制等方面的优势。但这些研究同时也都强调了允许地方政府发债之后的风险防范问题（龚强等，2011）。高英慧和高雷阜（2013）提出了构建防范地方政府性债务风险的内控管理系统和外审管理系统。王志国（2020）认为发行债券是地方政府融资的重要手段，也是完善国家财税体制、提升国家治理能力的重要举措，地方政府债务规模的膨胀加剧了中央政府和社会各界对地方债务风险的担忧，为了防范债务风险，中央政府必须对地方政府债务进行严格监管。

1.2.2.2 对国外市政债券问题的研究

刘爱清（1998）详细研究了日本的地方政府债券发行机制；曹鸿涛（2003）分析了美国地方债券的信用风险防范制度；杨萍（2004）侧重于发展中国家的地方政府债券发行研究；韩立岩和王刚（2003）通过研究和学习美国市政债券的监管经验，来解决我国地方政府债务风险的防控问题；朱军（2014）总结了国外地方债务管理中的透明度要求；朱娜（2018）归纳了美国市政债券运行管理的主要经验，对比分析中国和美国地方一般债券和专项债券的各自特点与彼此差异。

1.2.2.3 地方政府债券的风险分析

王凤飞（2005）、刘利刚（2005）、颜慧娟（2007）、王学忠（2008）、李永刚（2011）分析了地方政府债券的风险成因。王劲松（2009）从信用风险、市场风险、财政风险、操作风险、公共风险等方面剖析了地方政府债券发行中的风险及防范措施。刘爱清（1998）、曹鸿涛（2003）、杨萍（2004）分别通过研究日本、美国及发展中国家发行地方政府债券的监管经验，提出解决我国地方政府债务风险的防范和控制问题。刘煜辉（2010）认为过度积累的地方政府债务可能会导致预期税费上升，进而影响到企业的创业和经营、居民的就业和收入、投资和消费结构等，导致经济停滞不前，使地方政府融资赖以支撑的地价和房价没有持续上涨的基础。庄张爱（2014）认为政府债务问题的本质在于缺乏约束的责任主体过度举债。朱军（2019）

经过实证分析得出中国的政府债务扩张对于西部地区的地方政府债务扩张更加敏感的结论。陈宪（2020）研究了地方政府债券发行对商业银行流动性风险的影响。

1.2.2.4　构建风险预警指标体系的研究

从树海等（2004）选取了 20 个对财政风险有较大影响的核心指标，构建了一个财政风险预警系统。王朝才（2005）、郭玉清（2006）、刘尚希（2015）、宋真龙（2016）都提出并尝试建立地方政府债务风险预警体系。周青（2011）运用模糊综合评价的方法和层次分析法构建了地方政府融资平台风险的预警体系。洪源等（2012）、楚翠玲（2017）运用粗糙集和 BP 神经网络评估系统的相关原理构建了地方政府债务信用风险非线性仿真预警体系。马德功等（2015）利用 KMV 模型推算了四川省到期债务的违约距离和违约概率。沈雨婷（2019）通过构建基于综合指标的地方政府债务风险预警体系，对中国地方政府债务进行了经验分析。

1.2.2.5　地方政府债务风险防范的分析

对于地方政府债务风险的防范，韩增华（2012）认为防范地方政府债务风险的有效途径是促进预算过程的改进，可持续性是编制财政支出预算时必须要遵循的原则，在决策时则依据中长期预算支出框架。赵云旗（2013）提出地方政府债务风险的主要原因在于不规范的偿还机制，应该从法律的高度将之确定下来，详细地对债务来源渠道、规模、去向、监督、管理等做出法律规定。廖家勤等（2014）建议建立科学的中长期预算动态平衡机制。宋真龙（2016）建议地方政府成立债务风险监控部门和预警机制，避免地方财政受到债务风险的冲击。李建强和朱军等（2020）提出设定债务规则和债务上限能够降低流动性风险，债务置换可缓解短期流动性风险。范志忠（2021）建议构建地方政府债务风险管理系统，建设应收账款债权凭证流转体系，增强地方政府债务流动性，化解地方政府债务风险。

1.2.3　简要评述

以上国内外文献显示了不同国别的学者对地方政府债务已有的研究脉络和研究结论，尤其是国外的研究更加系统和成熟，而且在实践中对应了具体案例，为本书的研究工作提供了理论积累和实践指导。但是，国外有关市政债券的研究都是建立在成熟的财政分权理论前提下，同时也是基于一个完善发达的市政债券市场的实务研究，这与我国的现实国情有着很大的差异。

基于此点考虑，本书对摆脱我国地方政府债务风险这一现实问题展开全方位的探索性研究，以期达到防控和化解地方政府债务风险，进而避免地方政府"公司化"运行及地方经济"负债式增长战略"，最终打破地方政府债务恶性循环"困局"的现实目标。

第 2 章

我国地方政府债务的一般性分析

2.1　地方政府债务相关概念辨析

2.1.1　地方政府性债务与地方政府债务

《中华人民共和国民法典》第 118 条规定，债权是因合同、侵权行为、无因管理、不当得利以及法律的其他规定，权利人请求特定义务人为或者不为一定行为的权利。

在现代社会，地方政府同时具有经济主体和公共主体的双重身份。作为经济主体，地方政府与其他市场债务主体具有同等的法律地位。作为公共主体，地方政府基于维护社会稳定和承担社会道义等职能还要履行一定的公共责任。因此，从法律角度来看，地方政府性债务是指地方政府作为债务人，根据合同约定或相关法律规定所承担的债务。从财政角度来看，地方政府性债务是一个存量概念，是地方政府作为债务人在某个时点上承担的赤字总和，包括显性债务和隐性负债。从会计学角度来看，隐性债务并不属于政府债务，因为隐性债务无法被准确计量和确认，但政府具有公共主体身份，如果发生就必须承担。

而地方政府债务比地方政府性债务的范围要小得多，是指地方政府及其职能部门的债务。2014 年 10 月 2 日出台的国务院"43 号文"中同时出现了"地方政府债务"和"地方政府性债务"两种表述,出现这种情况主要是考虑到"43 号文"既要规定今后产生债务的规范管理,也要兼顾历史存量债务的过渡处置,因此在不同的政策节点采取了不同的政策表述。

2.1.2　地方政府性债务与地方政府隐性债务

2015 年开始,宏观经济下行压力不断加大,地方政府融资平台存量债务又面临着集中偿还的巨大困境。双重压力下,中央政府鼓励地方政府运用政府和社会资本合作(PPP)、政府投资基金等融资模式,引入社会资金,以降低地方政府的融资缺口和杠杆率,化解债务风险。但部分融资平台公司假借 PPP 项目、政府投资基金、政府购买服务等方式变相举债以缓解其融资压力,导致地方政府性债务出现了新一轮隐性化趋势。如实际操作中,将 PPP 项目与委托代建购买服务相结合,把周期较长的工程类项目包装成政府购买服务,委托平台公司代建工程,并约定建设期及若干年后以政府购买服务名义支付建设资金。2017 年 7 月 24 日,中共中央政治局会议第一次提到"地方政府隐性债务",会议指出"要积极稳妥化解累积的地方政府债务风险,有效规范地方政府举债融资,坚决遏制隐性债务增量"①。

当前中国地方政府显性债务的统计口径基本确定为地方政府债券,而对于地方政府隐性债务,由于其特有的隐蔽性,尚未有明确的界定口径。确定地方政府隐性债务的口径需要根据内涵确定概念再逐层剖析其外延。首先,必须明确地方政府及其各种融资平台等为隐性债务的主体。其次,分别从法律和现实的角度界定隐性债务的含义。从法律角度来看,隐性债务是政府基于道义、市场合同的一种政府公共责任。从现实角度来看,隐性债务是政府可能承担偿还责任而未纳入债务预算管理体系的债务。从表现形式来看,主

---

① 《中共中央政治局召开会议分析研究当前经济形势和经济工作》,中国政府网,2017 年 7 月 24 日。

要有以下几种形式：一是表面由政府对债务提供担保，实际承诺用财政资金偿还；二是应该归属政府担保但没有统计及管理的政府担保债务；三是政府为了购买服务而作出的偿还支付承诺。最后，对于地方政府隐性债务从融资主体、投资端和融资端作出外延界定（见表 2 - 1）。

表 2 - 1　　　　　　　　地方政府隐性债务资产负债表界定

资产负债表	
编制单位：地方融资平台、政府部门、部分国企——融资主体	
资产——投资端	负债——融资端
1. 公益性项目	1. 地方政府债务
棚改	2. 政府基金及 PPP 项目
保障性住房	3. 政府购买服务
扶贫项目	4. 城投债
……	5. 融资租赁
2. 准公益性项目	6. 其他非标融资形式
交通运输	
停车场	
地下管廊	净资产
……	
3. 一般竞争性项目	
房地产	
汽车	
……	

　　地方政府性债务与地方政府隐性债务的相同点在于：它们都与地方政府信用密不可分、主要用于公益性或准公益性项目、在项目自身现金流不够覆盖债务本息时依赖于财政资金偿还。

　　地方政府性债务与地方政府隐性债务的区别在于：政府性债务是在地方政府规范举债机制尚未建立之时出现的，处于监管的灰色地带，经过债务甄别纳入预算后大部分其实已经退出了历史舞台。而隐性债务严格来说不属于地方政府债务，主要通过不合规的操作方式，或者变相举债的途径形成，虽然也有观点认为隐性债务的使用是符合债务投向的。当前隐性债务尚无统一口径和认定标准，未来如何处置、是否可以通过新一轮甄别使其显性化当前还未明确。

2.1.3　地方政府债券与地方政府债务

地方政府债券是指省、自治区、直辖市和经省级人民政府批准自办债券发行的计划单列市人民政府（以下称地方政府）发行的、约定一定期限内还本付息的政府债券。通过地方政府债券筹集地方政府所需资金，地方政府的信用价值可得以更好地体现，也能充分发挥市场作用共担风险，一般以地方政府的税收能力为偿还保障，是常用的、重要的、有效的财政工具和融资手段，国际惯例主要投向公共交通、基础通信、保障住房、教育、医院和污水处理等地方性公共设施建设。"43 号文"和 2015 年版《预算法》施行之后，地方政府债券成为地方政府唯一合法的举债融资途径。

2.1.4　统一发债、财政部代发与地方政府自主发债

由于 1995 年版《预算法》（1995 年 1 月 1 日起施行）、《担保法》（1995 年 10 月 1 日起施行）等相关法律明确禁止地方政府借债，长期以来，一般由中央政府统一发债，然后转贷给各省级政府，除国务院特别规定的试点省市外，地方政府不是独立的一级发债主体；或由财政部代理发行。无论哪种发行方式，地方政府不承担直接偿还责任。如果由中央政府统一发债，那么，中央政府负有直接偿还责任；如果由财政部代发，那么，财政部负有直接偿还责任，再由地方政府偿还给财政部（王永钦，2015）。

地方政府自主发债是指在国务院批准的额度内，由省级政府作为发债主体并承担偿还责任的举债机制。2015 年版《预算法》第 35 条明确了地方政府的适度举债融资权限。2015 年 3 月 16 日，财政部发布《地方政府一般债券发行管理暂行办法》，要求地方政府按照市场化的原则自发自还，地方政府同时具有发行主体和偿还主体的双重身份，即省级政府可以自主发债，而

且可以直接决定债务额度在省内各级地方政府的分配和融资项目的选择。作为一种市场化的融资工具，地方政府发行债券有助于缓解地方政府的举债压力，使融资更加规范；降低了融资成本，提高了地方政府负债的可持续性；完善了财政分权体制，彰显了财政效率特征。

统一发债和自主发债有着不同的政策效应，在发展地方经济和平衡区域经济发展之间存在相互权衡的关系：自主发债制度下，地方政府的预算软约束最小，最有利于地方经济的发展，但可能会由于"马太效应"的存在进而加剧不同地区间的非均衡性，导致经济越发达的地区就会拥有越大的融资优势，而经济欠发达地区的融资难度会越来越大，很显然不利于区域经济发展差距的缩小，非均衡性或不均等的状况更加严峻，因此需要在这两者之间找到一个均衡点。

与2009年开始的地方政府发债试点制度相比，2015年开始的地方政府自主发债机制，最重要的区别在于中央政府不代发也不承担代偿义务，即在法律层面上中央政府不再为地方政府提供担保，把地方政府直接推入债券市场。具体实施中，由中央政府控制各省级政府的债券额度，这本质上属于事前风险控制的一种机制，相当于在地方政府进入债券市场之前，中央按照标准来核定各省级政府的偿还能力，然后由此来确定其发债额度。

当然，不管是从理论上还是从当前地方政府债务的现状分析，地方政府都存在极大的违约可能性。如果面临此种状况，在地方政府自主发债模式下，中央政府不会为地方政府发债"买单"和"兜底"；如果地方政府真的无法清偿债务，中央政府出于社会责任会对其提供一定的救助；然而，这种救助不同于自动"兜底"，而且，地方政府官员必须承担违约责任，这种责任包括行政责任和法律责任。

2.1.5　地方政府一般债券与专项债券

2015年之前，地方政府债券的品种并未进行细分。2015年之后，财政部发布一系列管理办法对地方政府债券做出了具体规定，如财政部印发的

《财政部关于印发〈地方政府一般债券发行管理暂行办法〉的通知》《财政部关于印发〈地方政府专项债券发行管理暂行办法〉的通知》等。2020年12月9日，财政部印发《关于印发〈地方政府债券发行管理办法〉的通知》，自2021年1月1日起施行。上述两个文件①同时废止。地方政府债券包括一般债券和专项债券。

一般债券是为没有收益的公益性项目发行的，主要以一般公共预算收入作为还本付息资金来源的政府债券。专项债券是为有一定收益的公益性项目发行的，以公益性项目对应的政府性基金收入或专项收入作为还本付息资金来源的政府债券。

地方财政部门应当在国务院批准的限额内发行地方政府债券，并根据项目期限、融资成本、到期债务分布、投资者需求、债券市场状况等因素，合理确定债券期限结构。还应当均衡一般债券期限结构，充分结合项目周期、债券市场需求等合理确定专项债券期限，专项债券期限应当与项目期限相匹配。专项债券期限与项目期限不匹配的，可在同一项目周期内以接续发行的方式进行融资。专项债券可以对应单一项目发行，也可以对应多个项目集合发行。财政部对地方政府债券发行期限进行必要的统筹协调。

2.2　地方政府债务的不同分类

2.2.1　理论界的分类

2002年，世界银行高级经济学家汉娜·波拉科瓦首次提出"财政风险矩阵"，据此把政府承担的债务分为两大类：第一类是直接债务；第二类是或有债务。其中，直接债务是不管发生何种情况政府都得承担，可以由某些已知数据和指标进行测算；或有债务最终是否发生并不确定，一是取决于或

---

① 即《地方政府一般债券发行管理暂行办法》《地方政府专项债券发行管理暂行办法》。

有事项是否发生，二是取决于政府是否需要承担，因此不能进行准确测算。再从债务风险的角度进一步划分为直接显性债务、直接隐性债务、或有显性债务和或有隐性债务。例如，国家发行的国内外债券、《预算法》所列的支出、国债转贷资金、地方政府拖欠款等属于直接显性债务。直接隐性债务通常并不是基于某些法律或合同约定，它的形成来自政府中长期预算支出责任，如社会保障资金缺口。政府虽没有明确承诺会承担这类债务，但社会公众预期政府最终会"兜底"，这是政府的预期支出责任。各级政府的担保贷款属于或有显性债务。政府迫于社会公众或利益集团等压力，出于社会道义责任而承担的债务属于或有隐性债务，如政府对金融机构提供的财政援助、突发公共事件中政府承担的支出责任等。

刘尚希和于国安（2002）根据我国地方政府债务的发展历程和现实情况，按照债务发生是否需要特定条件、是否属于法定义务、债务产生的预算级次等不同的划分标准对地方政府性债务进行了较为系统的分类。具体内容见表 2 - 2。

表 2 - 2　　　　　　我国地方政府性债务分类情况（2002 年）

划分标准	分类	定义与特点
债务发生是否需要特定条件	直接债务	不受条件限制，在任何情况下地方政府都需要承担的债务
	或有债务	债务是否发生存在不确定性，取决于其他事项状况，难以预测
债务发生是否属于法定义务	显性债务	相关法律或有关合同规定的必须由地方政府承担的债务
	隐性债务	无相关法律或债务合同的约束，但出于道义或社会压力而不得不承担的债务
债务产生的预算级次	省级债务	地方政府债务由多个级次的政府债务组成，主要包括省、地（市）、县、乡镇等各级债务
	地（市）级债务	
	县（市）级债务	
	乡镇级债务	

资料来源：刘尚希、于国安：《地方政府或有债务：隐匿的财政风险》，中国财政经济出版社2002 年版。

2.2.2　财政部的分类

2009 年，财政部为了能够对地方政府性债务进行科学系统的管理，防范地方政府性债务信用风险，根据我国地方政府性债务的现实情况，将其分为三大类。

第一类是政府负有直接偿还责任的显性债务。例如：（1）地方政府债券（国务院特别批准的）；（2）上级财政转贷债务中，投入无收益的公益性或基础性项目，明确以财政性资金作为偿债资金来源的部分（如国债转贷、农业综合开发借款、其他财政转贷等）；（3）政府部门和机构的拖欠款；（4）经费补助事业单位、融资平台公司等举借的，由财政性资金直接偿还本息的债务。

第二类是政府负有担保责任的或有显性债务，当被担保人出现资金困难而无力偿还债务时，政府需要承担连带的担保责任，其所欠债务转变为政府债务并由政府负担。例如：（1）上级财政转贷债务中，投入有收益的竞争性项目中的债务；（2）各级政府部门为融资平台等单位贷款或对其发行企业债券进行担保或提供回购信用支持形成的债务。

第三类是政府负有兜底责任的或有隐性债务，政府对此类债务没有直接偿债责任，但当债务人出现无法偿还债务时，政府可能需要承担"兜底"责任。例如：（1）经费补助事业单位的公益性项目债务；（2）公用事业单位的公益性项目债务；（3）融资平台公司的公益性项目债务；（4）经费补助事业单位、公用事业单位、融资平台公司为公益性项目提供担保所形成的债务（见表 2-3）。

表 2-3　　　　财政部的地方政府性债务分类（2009 年）

政府负有直接偿还责任的显性债务	政府负有担保责任的显性或有债务	政府负有兜底责任的隐性或有债务
（1）地方政府债券	（1）上级财政转贷	（1）经费补助事业单位的公益性项目债务

续表

政府负有直接偿还责任的显性债务	政府负有担保责任的显性或有债务	政府负有兜底责任的隐性或有债务
（2）上级财政转贷	（2）政府担保债务	（2）公用事业单位的公益性项目债务
（3）各种拖欠款		（3）融资平台公司的公益性项目债务
（4）经费补助事业单位举借的、明确由财政性资金偿还的债务		（4）经费补助事业单位、公用事业单位、融资平台公司对公益性项目的担保债务
（5）融资平台公司举借的、明确由财政性资金偿还的债务		

资料来源：财政部网站（http：//www. mof. gov. cn/）。

2.2.3　审计署的分类

2010 年，审计署进行了我国自 20 世纪 80 年代审计机关成立以来最大规模的一次审计工作，这次审计也被认为是对地方政府性债务进行全面"摸家底"的一次审计，按照《国务院办公厅关于做好地方政府性债务审计工作的通知》要求，为分清政府偿债责任，此次审计按照法律责任主体，将地方政府性债务分为三类，即直接债务、或有债务和其他相关债务。

（1）地方政府负有直接偿还责任的债务，这类债务由地方政府及其部门直接举借，由财政资金来偿还债务本息，如 2015 年之前国务院特别批准发行的地方政府债券。

（2）地方政府负有担保责任的或有债务，当债务人无法按时偿还债务时，地方政府承担连带的担保责任，由非财政资金偿还本息，如投融资平台公司债务。

（3）其他相关债务，主要包括相关企事业单位自行举债用于公益性或基础性项目，以单位结余资金或项目自身收入为偿债资金来源，但当债务人无法按时偿还债务时，地方政府需要提供一定的经济援助。

2.2.4 财政部甄别债务时的界定

2014 年 10 月，为了落实国务院"43 号文"，财政部发布《财政部关于印发〈地方政府存量债务纳入预算管理清理甄别办法〉的通知》，把地方政府债务进行了如下界定。

一是一般债务，项目本身没有收益，计划偿债来源主要为一般公共预算收入的债务；

二是专项债务，项目具有一定的收益，计划偿债来源为项目收益对应的政府性基金收入或专项收入，且能实现风险内部化的债务；

三是混合债务，项目只有部分收益，那么，不足的部分列为一般债务，其他部分列为专项债务；

四是通过 PPP 模式转化为企业债务的，明确不纳入政府债务。

2.2.5 2015 年版《预算法》施行后地方政府债券的分类

2015 年版《预算法》施行之后，我国地方政府开始取缔以前融资平台等各种不规范的渠道，并发行地方政府债券。地方政府债券按种类可划分为一般债券、专项债券、置换债券（三年置换期）；按期限可划分为 3 年期债券、5 年期债券、7 年期债券、10 年期债券等。除此之外，由于地方政府投融资的需求及城投债的取消，隐性债务规模越来越大，隐性债务构成目前尚未明确，但主要通过一些不合规的操作方式形成，如进行担保、提供承诺函等，或者通过变相举债形成，如伪 PPP 项目、包装成政府购买等形式。

（1）一般债券是指地方政府为缓解资金紧张或解决临时经费不足而发行的债券，对于一般债券的偿还，地方政府通常以本地区的财政收入作为担保。

（2）专项债券是指为筹集资金建设某项具体工程而发行的债券，对于专项债券，地方政府往往以项目建成后取得的收益作为保证。

（3）置换债券是指通过发行新债券置换已有的存量债务，我国进行为期三年的债券置换，全部债务于 2018 年置换完毕。

2.3　地方政府发债的理论基础

2.3.1　公共产品理论

现代财政学的奠基理论之一为公共产品理论，其理论分析基点为公共产品的供给及其效率。根据受益范围的大小或效用溢出的程度不同，可以把公共产品分为全国性公共产品、准全国性公共产品和区域性公共产品，体现出了供给的层次性特点。具体来看，全国性公共产品的受益范围最广，全体社会成员都能同等消费，很显然地方政府不愿提供，只能由中央政府统一提供。区域性公共产品的受益范围仅局限在既定区域内，区域外的地方政府不愿意提供，只能由代表该地区居民利益的地方政府进行提供。公共产品供给的这种层次性特征本质上体现的是中央政府与各级地方政府之间的事权分配关系（见表 2 - 4）。

表 2 - 4	公共产品的划分
全国性公共产品	受益范围覆盖是跨区域的，公共产品可供全社会国民同等消费或享用，如国防、最高法院等，其基本特点是受益范围为全国，而且受益分布相当均匀
准全国性公共产品	能够满足消费上的公共性，但在分布上又具备均等性的公共产品。主要指跨区域的公共设施、基础设施以及高等教育等
区域性公共产品	在本地区内各层次上能够被消费者共同且平等享用的公共产品，如城市的消防、路灯、治安等。其基本特征是受益范围为本区域而且在区域内分布相当均匀，其提供者为地方政府而非中央政府

三种不同层次的公共产品，从理论上来看应由对应的政府层级来提供。根据效率原则和公共产品的层次性，中央政府主要负责提供全国性公共产品和准全国性公共产品，地方政府主要负责提供区域性公共产品。一般来说，

公共产品的投资规模较大，投资期限也较长，如果只依靠建设周期内的税收收入，既不能满足全部建设资金的需要，也会加大当代纳税人的即期负担，那么，通过债务融资使债务负担在受益期内分摊，这是一个好的策略，既可以解决建设资金的来源，又能实现地方政府的民生保障职能，还兼顾了代际公平。

2.3.2　财政分权理论

在公共产品供给方面，不同层级的政府具有一定的效率差异和公平差异，因此，在各级政府之间对公共产品供给进行分层和分工是非常必要的，即政府间财政分权理论的"雏形"。财政学的基本问题是研究政府与市场各自的责任及其界限，这是财政联邦主义要解决的核心问题，也是财政分权的最终决策标准。全面地回答和解决这个问题，至少需要明确两点：一是外部因素，要明确政府、市场以及非政府组织各自间的责任分工；二是内部因素，要明确政府内部不同政府层级之间的分工，这也是传统财政分权理论研究的侧重点。

伴随着公共产品提供产生的昂贵交易成本和外部强制成本，全部的偏好显示是不现实的，因此地方财政分权成为必然。事实上，财政分权理论正是公共产品理论的延伸。当然，财政分权理论并不仅局限于政府间责任分工，还涉及地方政府债务问题，例如公共产品的融资等问题，而地方政府债务也是本书的关键词。

依据财政分权理论，中央和各级地方政府之间应该有清晰的事权和支出责任划分，以及与其支出责任相适应的财权举债权。财政分权理论认为，赋予地方政府与支出责任相匹配的发债权，地方政府通过发行债券来筹集所需建设资金，用于提供本地区的公共产品和公共服务，最终可以提高资源配置效率，弥补市场失灵，促进公共服务均等化，保障辖区民生需求，充分发挥地方政府职能。

2.3.3 政府职能划分理论

政府职能是指在经济社会发展进程中，政府根据实际需要所发挥的功能和作用。根据不同的行政区域划分，政府职能包括中央政府专有职能、地方政府专有职能、中央政府与地方政府共同职能，这也反映了地方政府债务产生的根本目的是基于公共责任，这种公共责任主要是为本区域居民提供公共产品或公共服务等社会福利。这种政府职能的划分标准虽然强调了中央政府的宏观调控功能，但必然会造成地方政府想建设、想投资、想筹资却"囊中羞涩"的矛盾。随着我国新型城镇化进程的不断推进，地方政府的资金缺口和筹资需求日益扩大，地方政府通过发行债券筹资已经成为 2015 年版《预算法》允许的唯一合法融资方式。

2.3.4 投资偏好理论

地方政府债务当前主要表现为地方政府债券，不仅是地方政府进行融资的有效财政工具，而且在金融市场上也是颇为重要的投资工具。风险性、收益性和流动性是金融产品的本质特征，投资主体对某一金融产品的偏好，最终取决于该产品在风险性、收益性和流动性方面的配比与综合表现。债券这一金融产品的最终目的在于通过满足投资主体的投资偏好最终提高整个社会的举债能力和应债能力。在金融市场发展比较成熟的国家，由于流动性高、利率较低等因素，地方政府更倾向于通过发行债券进行融资。

我国当前正处在金融市场高速发展和完善的时期，2015 年之前，地方政府主要通过融资平台公司以地方政府信誉为担保向银行借款，风险积聚且不易监管，商业银行也因此背上了沉重的包袱。2015 年之后，2015 年版《预算法》允许地方政府发行债券，既能实现地方政府的低成本融资，又可分散银行业的流动性风险，是我国地方政府债务发展的"里程碑"。

| 第3章 |

我国地方政府债务的发展现状

早在新中国成立初期，地方政府发行债券处于合法阶段；从 20 世纪 80 年代末期到 90 年代初，出现了以筹集建设资金以支援国家建设为名义的地方政府债券；1993 年，国务院叫停了地方政府的这种发债行为。1995 年 1 月 1 日，1995 年版《预算法》第 28 条明确规定，除国务院特别批准外，地方政府不得发行地方政府债券。1995 年 10 月 1 日，《担保法》禁止地方政府及其部门的担保行为。自此，地方政府债务进入法律禁止即不合法的阶段。1995~2015 年，在法律层面不允许的前提下，我国地方政府债务经历了一个特殊的演变发展过程，从财政转贷，到财政代发，再到地方政府自行发债。在规模方面，尤其在 2008 年全球金融危机的大外部环境下，从 2009 年开始，我国地方政府债务规模激增，再到 2014 年的"43 号文"和 2015 年版《预算法》施行，地方政府债务又经历了一个不断规范和加强管理的过程。

3.1　我国地方政府债务的发展历程

3.1.1　计划经济阶段的地方政府债务（1949~1977 年）

新中国成立以后，为了维护政治稳定、促进经济发展，同时也是与当时的计划经济体制相适应，国家实行了"统收统支"的财政管理体制，这种体制下，国家的财政管理和财力支配权主要集中在中央政府，地方政府收入逐级上缴中央政府，地方政府支出由中央政府统一审核、逐级下拨。① 与此相一致的是，地方政府也基本不能举借债务，只有一些相对特殊的地方政府可以，或者在一些相对特殊的历史阶段，曾出现过零星的地方政府债券，如东北生产建设折实公债和地方经济建设公债。

3.1.1.1　东北生产建设折实公债

1948 年底，东北全境解放。经过长年战乱，恢复生产建设的资金极度缺乏。为了筹集资金，加速东北经济的恢复和发展，经中央人民政府政务院批准，1950 年 2 月，东北人民政府颁布了《一九五零年东北生产建设折实公债条例》，分别于 1950 年的 3 月和 11 月发行了上下两期东北生产建设折实公债（见表 3 - 1）。

表 3 - 1　　1950 年东北生产建设折实公债发行情况（按发行对象分类）

发行对象	计划发行（万元）	实际发行		超额完成（%）
		金额（万元）	比重（%）	
职工	353.6	487.8	11.6	37.9
农民	425.0	290.0	6.9	- 31.8
工商界	2410.0	2968.5	70.6	23.3
市民及其他	354.0	458.3	10.9	29.5
合计	3542.6	4204.6	100.0	18.7

资料来源：夏锦良：《公债经济学》，中国财政经济出版社 1991 年版。

东北生产建设折实公债采取了实物计算标准，单位定名为"分"，上下期计划发行总额 3054 万分（折合人民币 3543.64 万元）。

——公债面值小，且多样化。公债面值有一分、五分、十分、五十分、一百分五种，可以满足公债认购人小额、多样性需求。

① 李萍：《财政体制简明图解》，中国财政经济出版社 2010 年版。

——发行以实物计价。每分市值以沈阳市高粱米五市斤、五福布一市尺、粒盐五市斤、原煤三十四市斤的市价综合折算。实物折价的方法在当时能有效规避通货膨胀造成的举债贬值问题。

——还本付息。公债期限五年，自 1951 年起每年抽签还本一次，分五次还清。五年每年抽还总额的 10%、15%、20%、25%、30%。年息五厘，每年计息。还本付息以东北银行总行公布的实物市价为标准。

此次东北生产建设折实公债发行主要面向东北地区职工、工商界、农民和市民，采取行政摊派的方式，但各阶层分配的认购指标不同。其中，工商界认购的比重最高，达到 70.6%。

东北生产建设折实公债的顺利发行，筹措了大量的经济建设资金，在一定程度上弥补了地方财力的匮乏，克服了建设资金不足的困难，加速了东北经济的恢复与发展。后来，伴随着东北地区经济的迅速恢复和发展，财政收支逐步平衡，再加上大行政区的职权在 1950 年以后被中央政府逐渐削弱直至最后撤销，东北生产建设折实公债没有再次发行（姜长青，2010）。

3.1.1.2 地方经济建设公债

为了调动中央政府与地方政府的积极性，弥补各地经济建设资金缺口，在放权基础上，国务院决定从 1959 年起，停止发行全国性经济建设公债，改由省、自治区、直辖市发行短期地方公债。这样，一方面可以根据当地建设需求和职工购买公债能力，因地制宜筹集资金；另一方面可以就地筹集资金，就地办事，与人民利益密切结合，充分发挥公债的作用。[①]

1958 年 6 月 5 日，全国人大常委会第 97 次会议批准通过《中华人民共和国地方经济建设公债条例》（以下简称《条例》），启动了计划经济时期地方政府公债的发行探索。《条例》对地方政府公债做出原则性规定。

——发行目的：筹集工农业"大跃进"所需资金，促进人民节约储蓄，

---

① 《人大常委会举行第九十七次会议 批准财政税收管理权下放 毛主席命令公布地方经济建设公债条例》，载于《人民日报》，1958 年 6 月 6 日。

有利于鼓足干劲、力争上游、多快好省地建设社会主义。

　　——发行机制：各省、自治区、直辖市在认为有发行必要的前提下，可决定发行，并由人民委员会统一办理。

　　——发行数量：应当根据需要和可能加以控制，必须在自愿认购的原则下组织推销，以不要使工人、农民和其他劳动人民因认购公债过多造成生活困难为标准。

　　——公债使用：各省、自治区所属专员公署和自治州、县、自治县、市人民委员会推销的公债收入，大部分应当留归该专区和自治州、县、自治县、市支配，一部分由省、自治区调剂使用。

　　——公债利息与偿还：公债利息率一般不宜超过 2%，必要时也可无息；分期偿还，期限一般不超过五年，还本时一次付清利息。

　　——公债的流通：不可作为货币流通，不得自由买卖。

　　1959～1961 年，四川省、黑龙江省、安徽省、福建省、辽宁省、吉林省和江西省等相继发行了地方经济建设公债，筹集的资金在加速地方工农业生产建设等方面发挥了积极作用（万立明，2017）。但是在当时的时代背景下，国民经济出现了严重困难，地方公债的发行也出现了一些弊端，中央政府开始对国民经济进行调整，调整的一项重要措施就是进一步强化"统收统支"的财政管理体制，各省份的债券发行在 1962 年以后基本停止（张宏安，2011）。到 1968 年底，我国国内外公债均已全部还清，我国进入"既无外债又无内债"的特殊阶段，这种状况一直持续到改革开放时期。

3.1.2　改革开放阶段的地方政府债务（1978～1993 年）

　　1978 年 12 月，党的十一届三中全会召开，我国进入了改革开放阶段。中央政府对地方政府开始实施"分灶吃饭"的财政管理机制，主要特点是"划分收支、分级包干"，使地方政府享受的财权在某种意义上得到了扩大，可支配财力不断增多。随着国家先后全面推行"利改税"政策和"拨改贷"政策，营商环境得到进一步改善，各级地方政府为了加快经济建设的步伐，向中央提出发行地方政府债券的请求。考虑到当时社会投资已经过热，再发行地方政府债券必然会引发通货膨胀，反而会阻碍地方经济的发展。这一请求并未实现，中央明文提出地方政府不能发债。在地方政府层面，地方政府采用了诸如通过政府间往来拆借款、商业性借款等方式来变相融资以满足资金需求。

根据审计署的数据，在1979年全国有4个市级政府和4个县级政府都发生了举债行为。省级政府的举债主要集中在1981~1985年，在此期间，全国共有28个省级政府举债；县级政府与市级政府的举债则主要集中在1986~1996年。在此期间，共有2054个县级政府与293个市级政府举债，分别占全国地区比重高达90.05%与86.54%①（全国各地区政府性债务发生的起始年份见表3-2）。在1988年国家改革投融资管理体制后，中央政府组建了国家级专业投资公司，在执行办法和管理制度上为固定资产投资指明了方向；省级政府也同步组建了省级专业投资公司，通过投资公司来融资，增加可用财力；市、县一级尚未有类似的投资平台公司，主要采取协议借款的方式来筹集资金。由于这一时期经济建设发展状况良好，地方政府债务问题并不突出。

表3-2　　　　　　　　全国各地区政府性债务发生起始年份情况

年度区间	省级			市级			县级		
	当期开始举借个数（个）	累计个数（个）	累计占地区比重（%）	当期开始举借个数（个）	累计个数（个）	累计占地区比重（%）	当期开始举借个数（个）	累计个数（个）	累计占地区比重（%）
1979~1980年	0	0	—	4	4	1.02	300	351	12.63
1981~1985年	28	28	77.78	56	60	15.31	300	351	12.63
1986~1990年	5	33	91.67	121	181	46.17	833	1184	42.61
1991~1996年	3	36	100	172	353	90.05	1221	2405	86.54

资料来源：审计署发布的《全国地方政府性债务审计结果》。

———————

① 洪小东：《"财""政""法"：地方政府债务治理的三维架构——基于新中国成立七十年地方债务史的考察》，载于《当代经济管理》2019年第9期。

此阶段实施的财政管理相关政策放宽了地方政府的财权，增加了地方政府财力，激发了地方政府加快经济建设的极大热情，但也加剧了各地的发展差距。

3.1.3　分税制改革以后的地方政府债务（1994～2014 年）

3.1.3.1　地方政府融资平台模式

1995 年 1 月 1 日，1995 年版《预算法》正式实施，要求各级地方政府依据"收支平衡与量入为出，不列财政赤字"的原则编制预算。此时国家在地方政府举债的问题上仍持审慎态度。1992 年，上海市成立了城市建设投资开发总公司，并成功发行了第一支"城投债"。此后，其他地方政府也纷纷建立了相应的投融资平台公司，并以这些地方性投融资公司为主体举借债务（张乔剑，2018），在某种程度上保障了货币金融市场的稳定。

3.1.3.2　中央"代发代还"地方政府债券

在 2008 年金融危机的大背景下，为了防止宏观经济出现持续低落现象，努力实现"扩内需保增长"目标，财政部密集出台了《关于印发〈2009 年地方政府债券预算管理办法〉的通知》《2009 年地方政府债券资金项目安排管理办法》《财政部代理发行地方政府债券财政总预算会计核算办法》等管理办法，以财政部的名义发行地方政府债券，然后再转贷给地方政府，满足地方政府的资金需求。2009 年，财政部代理地方政府发行地方政府债券主要用于地方性公共基础设施建设，如交通、教育、医疗等方面。各省份获得的地方政府债券的额度是根据各地区的实际经济情况进行分配的，例如，经济实力较强的广东省分配的代发债券额度为 110 亿元，其余各省的发债额度均相对较少①。从本质上分析，虽然 2009 年由财政部代发代还的地方政府债券

---

① 《广东省 2009 年预算执行情况和 2010 年预算草案的报告》，广东省财政厅官网，2010 年 2 月 24 日。

不属于真正意义上的地方政府债券，但这为 2011 年试点推行地方政府自主发债奠定了基础，也标志着地方政府债券发行的"开闸"。

3.1.3.3 地方政府自行发债阶段

2011 年，经国务院特别批准，上海、浙江、广州和深圳成为首批地方政府自行发债的试点省份；同时《财政部关于印发〈2011 年地方政府自行发债试点办法〉的通知》对自行发债试点做了进一步规范。试点的四个省份发行的债券总额为 229 亿元，其中上海市 71 亿元、广东省 69 亿元、浙江省 67 亿元、深圳市 22 亿元。债券期限主要是 3 年期和 5 年期两种，发行利率基本与同年的国债利率持平，主要用于保障性住房的建设（见表 3-3）。这次试点改变了地方政府债券以前的模糊地位，试点的地方政府也被赋予合法的发债自主权。

表 3-3　　　　　　2011 年我国地方政府自行发债试点情况一览表

地区	上海市		广东省		浙江省		深圳市	
	首期	二期	首期	二期	首期	二期	首期	二期
发行期限	3	5	3	5	3	5	3	5
发行利率	3.1%	3.3%	3.08%	3.29%	3.01%	3.24%	3.03%	3.25%
发行规模	36	35	34.5	34.5	33	34	11	11
合计	71		69		67		22	
资金用途	保障性安居工程、农村民生工程和基础设施、科教文卫等社会事业基础设施、生态建设工程等		保障性安居工程、贯彻中央扩大内需项目的地方配套，以及部分省重大项目		保障性安居工程、农村民生工程和基础设施建设、科技文卫等基础设施、生态、水利、铁路等重点基础设施		污水处理厂配套污水管网等生态建设工程以及教育、医疗卫生、交通等重点民生工程	

资料来源：根据各试点地方政府公布的报告自行整理得到。

2013 年，"自发代还"的地方政府发债试点在上海、浙江、广州和深圳成功运行两年后，经国务院特别批准，又增加了江苏和山东共 6 个试点地区。

2014 年，在《关于印发〈2014 年地方政府债券自发自还试点办法〉的通知》的具体指导下，地方政府发债得到进一步发展和完善：第一，财政部不再代地方政府还本付息，试点地区自行组织本地区政府债券发行、支付利息和偿还本金；第二，除了上海、浙江、广州、深圳、江苏和山东这 6 个试点省份外，又增加了北京、青岛、江西和宁夏，试点发债省份数量已达到 10 个；第三，地方政府债券的期限由 2013 年的 3 年期、5 年期和 7 年期，发展到 2014 年的 5 年期、7 年期和 10 年期，比例为 4∶3∶3；第四，要求加快建立和完善试点省份的信用评级制度。由于地方政府的资金需求不断高涨，2012 年、2013 年和 2014 年的地方政府债券发行总额分别为 289 亿元、700 亿元及 1092 亿元，债券规模增长迅速（见表 3 - 4）。

表 3 - 4　　　　2011 ~ 2014 年地方政府自行发债试点情况变化

年份	2011	2012	2013	2014
发行规模（亿元）	229	289	700	1092
发行期限	3 年期、5 年期	3 年期、5 年期、7 年期	3 年期、5 年期、7 年期	5 年期、7 年期、10 年期
试点省份	上海、浙江、广州、深圳	上海、浙江、广州、深圳	上海、浙江、广州、深圳、江苏、山东	增加北京、青岛、宁夏和江西
改革内容	—	—	提议建立信用评级制度	信用评级制度、自发自还

资料来源：根据财政部公布的 2011 ~ 2014 年地方政府发债数据整理得到。[①]

3.1.4　2015 年版《预算法》实施后的地方政府债务（2015 年以来）

2015 年版《预算法》于 2015 年 1 月 1 日开始实施，与 1995 年 1 月 1 日

---

①　即《财政部关于印发〈2011 年地方政府自行发债试点办法〉的通知》《关于印发〈2012 年地方政府自行发债试点办法〉的通知》《关于印发〈2013 年地方政府自行发债试点办法〉的通知》《关于印发〈2014 年地方政府自行发债试点办法〉的通知》。

起施行的《预算法》相比，该法案总计82条相关修改条款，主要修改内容包括政府预算、转移支付以及地方政府性债务管理机制等方面。其中，规范地方政府债务是《预算法》修正的一项重要内容，2015年版《预算法》对地方政府债务"怎么借""怎么还""怎么管"等问题作出了明确解答。

3.1.4.1 地方政府债务"怎么借"

1995年版《预算法》第28条明确规定除法律和国务院另有规定外，地方政府不得发行地方政府债券。"43号文"明确规定经国务院批准的省、自治区、直辖市政府可以适度举债，但只能通过政府及其部门而不得通过企事业单位等举借。2015年版《预算法》第35条规定，经国务院批准的省、自治区、直辖市的预算中必需的部分建设投资资金，可在国务院确定的限额内发行地方政府债券。这一法规赋予了地方政府依法适度举债的融资权限，解决了"怎么借"的问题，地方政府性债务得以解禁，使急需建设资金的地方政府筹资"有路可走，有门可进"，实现"阳光融资"，日趋走向公开、透明和科学、规范。

3.1.4.2 地方政府债务"怎么还"

"43号文"强化了债务硬约束，明确了地方政府对其举借的债务负有偿还责任，中央政府实行不救助原则；企业债务也不得推给政府偿还，"谁借谁还、风险自担"。2015年版《预算法》第35条要求举借的债务应当有偿还计划和稳定的偿还资金来源；而且只能用于公益性资本支出，不得用于经常性支出；通过划清偿债责任、建立风险预警机制、完善应急处置等措施，解决了"怎么还"的问题。

3.1.4.3 地方政府债务"怎么管"

2015年版《预算法》规定对地方政府债务实施分类管理、规模控制和预算管理，并首次对全口径预算从法律上做出界定，解决了"怎么管"的问题。2015年版《预算法》还提出设立定期评估和退出机制；健全规范、公开、透明的预算制度；细化预算分类，强调重要事项的公开，如预算公开的内容、时间、主体等。鉴于我国地方政府举债融资权限放开尚处于改革初期，2015 年版《预算法》对地方政府发债维持较为谨慎的态度，对发债主体、审批、用途、风险控制等方面进行了较为严格的限制，但如何将风险评估和预警机制、应急处置机制以及责任追究制度落实到操作层面仍有待于进一步完善。

总体而言，地方政府债务具有以下三个明显的改变：一是地方政府债务纳入预算；二是允许省级政府通过发行债券的方式来筹集部分建设资金；三是发行地方政府债券是地方政府举借债务的唯一合法形式。按照分类管理的要求，地方政府债券分为一般债券和专项债券。2015～2020 年地方政府债券的发行规模见图 3-1，可以看出，一般债券的发行规模在 2015～2018 年高于专项债券；从 2019 年开始，情况发生变化，专项债券的发行规模超过了一般债券，在很大程度上反映出专项债券越来越成为地方政府债务中稳增长的重要抓手。

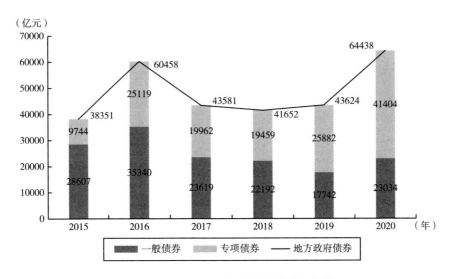

图 3-1　2015～2020 年地方债券发行规模

资料来源：中国地方政府债券信息公开平台（http：//www. celma. org. cn/ndsj/index. jhtml）。

尽管地方政府融资平台为地方经济发展和建设项目的融资作出了重要

贡献，在一定程度上对冲了 2008 年金融危机以来的经济下行压力，但也出现了许多违规举债的行为。因此在 2014～2016 年，中央政府除了通过审计署摸清地方政府债务的规模、资金来源和使用去向等，还通过银监会、发改委、财政部等部门，颁布了大量的规范地方政府债务的管理制度和监管政策。

需要说明的是，除了把地方政府债券分为一般债券和专项债券之外，还有另外一种非常有意义的分类，即新增债券和置换债券。从 2015 年开始，为了对清理甄别出来的、2015 年之前的、非债券形式的存量债务进行规范管理，通过发行置换债券用于置换前述存量债务，降低举债成本。图 3 - 2 展示了 2015～2020 年地方政府新增债券和置换债券的发行规模，可以看出，2017 年之前发行的地方政府债券中占比较大的是置换债券；从置换债券的发行规模来看，在 2016 年达到一个高点后，就开始逐年减少，到 2019 年，发行规模仅为 115 亿元；同步来看新增债券的发行，则有明显的增长趋势，到了 2020 年更是大幅增加，2020 年新增债券达到了 45525 亿元。

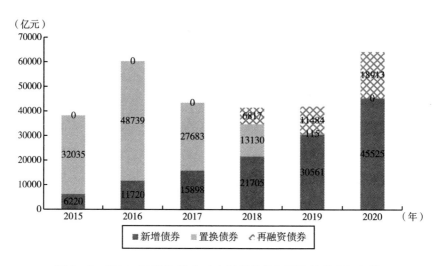

图 3 - 2 2015～2020 年地方政府新增债券和置换债券发行规模

资料来源：中国地方政府债券信息公开平台（http：//www. celma. org. cn/ndsj/index. jhtml）。

同时，地方政府债券的市场化发行水平日益提升，第三方信用评级日益规范，债券在交易流通、抵押质押等方面的配套制度日趋完善，债务风险预警机制和应急处置机制基本建立，债务管理绩效评价工作逐步启动，债务透明度日益提高，债务限额分配科学合理，隐性债务的规范治理和防范化解也初见成效。当前，地方政府债券已经成为我国债券市场存量规模最大的债券品种。

在新一轮财税体制改革背景下，地方政府债务管理模式迎来全面转型，中央把地方政府债务全面纳入预算管理范围，有效控制债务规模，转变官员政绩考核标准，表明"不兜底、不救助"的态度。因此，地方政府债务管理将不仅是"量"的增加，更注重管理上"质"的提升，"绩效管理"将成为未来我国地方政府债务管理的总纲领原则。总体来说，地方政府债务已由侧重于政府主导的管理模式逐步转变为全社会相关各方共同参与治理的市场管理模式。

3.2　我国地方政府债务的规模分析

3.2.1　地方政府债务发行规模分析

自 2009 年我国允许发行地方政府债券以来，地方政府债券的发债额度及发行次数总体呈上升趋势。2009～2011 年是我国地方政府债券由中央代发转变为地方政府自主发债的试点阶段，这一时期由于中央政府对地方政府债券发行规模进行严格的限额管理，因而连续三年地方政府债券发行额度维持在每年 2000 亿元。2012 年以后，地方政府债券的发行额度和发行次数连年增加，特别是在 2015 年允许省级地方政府发债后，地方政府债券的发行额度及发行次数更是激增；2015 年地方政府债券的发行总额达到 38350.6 亿元，发行次数为 1035 次；2016 年地方政府债券的发行总额达 60428.4 亿元，发行次数为 1158 次；2021 年地方政府债券的发行总额达 71647.34 亿元，发行次数为 1899 次。① 根据近年的地方政府债券发行规模及我国的宏观经济发展情况，可以预测未来我国地方政府债券的发行总额将进一步扩大，我们应该关注地方政府债务的结构性风险管理及不合规的隐性债务风险问题。

图 3 – 3 更直观地展示了地方政府债券发行额度及发行次数的增长情况。2009 ～ 2014 年，地方政府债券每年的发债总额及发行次数总体是上升的，但上升幅度比较平缓，其主要原因是该时期正处于地方政府自主发债的试点阶段（见表 3 – 5）；而在 2015 年后，省级政府被赋予发债权，地方政府债券的发债规模呈"火箭式"增长，2015 年的发债规模是 2014 年的 8.59 倍，2016 年的发债规模是 2015 年的 1.58 倍，2021 年的发债规模是 2015 年的 1.87 倍（见表 3 – 6），但每年的发债规模均控制在国务院批准的限额内，不存在规模风险。

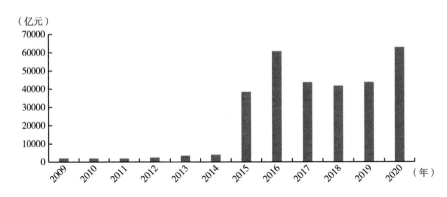

图 3 – 3   2009 ～ 2020 年地方政府发债规模变化

资料来源：中国地方政府债券信息公开平台（http：//www. celma. org. cn/ndsj/index. jhtml）。

表 3 – 5　　　　　　　　**2009 ～ 2014 年地方政府债务发行规模**　　　　　　单位：亿元

年份	地方政府债务发行总额
2009	2000
2010	2000

---

① 资料来源：中国地方政府债券信息公开平台（http：//www. celma. org. cn/ndsj/index. jhtml）。

年份	地方政府债务发行总额
2011	2000
2012	2500
2013	3500
2014	4000

资料来源：中国地方政府债券信息公开平台（http：//www. celma. org. cn/ndsj/index. jhtml）。

表 3 - 6　　　　　　　**2015 ~ 2021 年地方政府债券发行规模**　　　　　单位：亿元

年份	地方政府债券发行总额
2015	38351
2016	60500
2017	43581
2018	41652
2019	43624
2020	62602
2021	74898

资料来源：中国地方政府债券信息公开平台（http：//www. celma. org. cn/ndsj/index. jhtml）。

3.2.2　地方政府债务余额规模分析

按照偿还责任的标准来划分，我国地方政府性债务可以划为三大类：负有直接偿还责任的债务、负有担保责任的债务以及可能承担一定救助责任的债务。其中，第一类负有直接偿还责任的债务属于地方政府的直接债务，偿还本息的资金来源为财政资金；而负有担保责任和可能承担一定救助责任的债务属于政府或有债务，财政是否需要承担偿还债务取决于或有事项这个不确定因素。自 2011 年开始，审计署对地方政府债务余额进行了三次大规模的全面审计，以及若干次局部审计，打破了地方政府债务数据长期较为隐蔽的情况，地方政府债务信息向公开透明更进一步，有助于地方政府防范债务风险。

根据 2011 年审计署发布的《全国地方政府性债务审计结果》，截至 2010 年 12 月底，我国地方政府负有偿还责任的债务余额约 6.71 万亿元，地方政府负有担保责任的债务余额约 2.34 万亿元，有可能承担一定救助责任的债务余额约 1.67 万亿元，合计约 10.72 万亿。根据 2018 年 3 月 26 日财政部相关负责人答记者问，截至 2017 年 12 月底，地方政府负有偿还责任的债务余额即第一类债务约 16.47 万亿元。① 近年来我国地方政府债务余额规模的整体情况可以参见表 3-7。

表 3-7　　　　　　**2010～2021 年地方政府债务余额规模的扩张情况**

时间	负有偿还责任的债务（万亿元）	年化增速（%）	负有担保责任的债务（万亿元）	可能承担一定救助责任的债务（万亿元）
2010 年 12 月底	6.71	—	2.34	1.67
2012 年 12 月底	9.63	19.8	2.49	3.77
2013 年 6 月底	10.89	26.2	2.69	4.34
2014 年 12 月底	15.4	82.8	8.6	
2015 年 12 月底	14.75	-4.2	—	
2016 年 12 月底	15.32	3.86	—	
2017 年 12 月底	16.51	7.76	—	
2018 年 12 月底	18.46	11.81	—	
2019 年 12 月底	21.30	15.38	—	
2020 年 12 月底	25.49	19.67	—	
2021 年 12 月底	30.47	19.54	—	

资料来源：根据审计署及中国地方政府债券信息公开平台的公开资料整理得到。

以 2020 年 12 月底的地方政府债务余额情况为例进行分析。2020 年底，我国地方政府债务余额为 25.49 万亿元，但具体到各省份的债务余额规模却千差万别。如图 3-4 所示，地方政府债务余额规模最大的省份为江苏省，高达 17228 亿元；地方政府债务余额最少的为西藏自治区的 375 亿元，仅为

---

① 《财政部有关负责人就发布于做好 2018 年地方政府债务管理工作的通知答记者问》，财政部官网，2018 年 3 月 26 日。

江苏省的 1/46 左右；地方政府债务余额超过 6000 亿元的省份个数达 23 个。另外，从 2015～2020 年 5 年间各省份地方政府债务余额的变化情况来看，全国地方政府债务余额平均增速为 90%，并且有 20 个省份的债务余额增速低于全国平均值；① 如图 3-5 所示，各省份中债务余额增长幅度最大的是西藏自治区，增速高达 380.77%，北京增幅最小为 5.85%；地方政府债务增速超过 100% 的省份个数达到 8 个。我国各省份负有偿还责任的地方政府债务余额连年增长且增长幅度较大，存在一定的风险可能，需要在一定程度上加以控制。

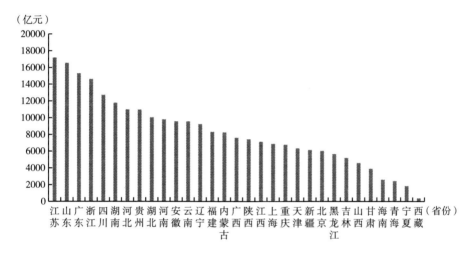

图 3-4　2020 年 12 月底各省份负有直接偿还债务余额情况

资料来源：中国地方政府债券信息公开平台（http://www.celma.org.cn/ndsj/index.jhtml）。

3.2.3　地方政府隐性债务规模分析

2018 年 8 月，国务院下发《中共中央、国务院关于防范化解地方政府隐性债务风险的意见》及《地方政府隐性债务问责办法》，同时各地配合文件精神，开展对隐性债务的核查工作。为规范地方政府隐性债务核查，

---

① 由财政部发布的 2015～2020 年地方政府债务余额计算而来。

财政部制定了《财政部地方全口径债务清查统计填报说明》，如图 3 - 5 所示需要地方政府填报核查的债务包括政府投资基金、PPP 项目、政府购买服务、股权融资计划等各种债务。截至 2018 年 6 月河南省濮阳市的华龙区、范县、南乐县，宁夏彭阳县，安徽合肥市，山东济南市长清区，青海黄南州等地已公开当地隐性债务规模，如合肥市 2017 年末市级隐性债务规模为 475.38 亿元，占当地政府性债务（即显性债务）比重约为 72%。[①]以上这些地区中只有一个地区隐性债务规模小于显性债务，其余地区隐性债务规模均远大于显性债务，甚至有地区隐性债务规模超过显性债务的 2 倍。由此可见，地方政府隐性债务规模较为庞大，且形式隐蔽，存在着较为突出的风险隐患。

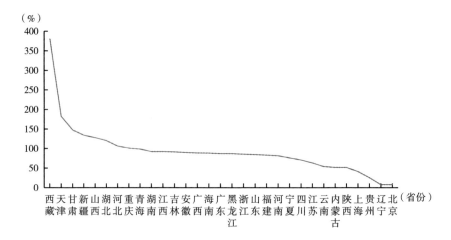

图 3 - 5 2015 ~ 2020 年各省份负有直接偿还责任的地方政府债务余额增速

资料来源：中国地方政府债券信息公开平台（http：//www. celma. org. cn/ndsj/index. jhtml）。

对于我国地方政府隐性债务的规模，海通证券固收部从地方政府筹资方式的角度测算隐性债务，主要包括地方政府举借的资本类债务，认为可能形成隐性债务的筹资方式有融资租赁、政府基金和 PPP 项目、信托、银行贷

---

① 资料来源：《合肥市市级政府性债务风险防范情况专项审计调查结果公告》，安徽省合肥市审计局官网，2018 年 8 月 10 日。

款、城投债等，最后测算出来的隐性债务规模约 33 万亿元①。国际清算银行（BIS）测度中国 2017 年底的债务余额为 38.8 万亿元，扣除同期中国公布的显性地方政府债务和国债，得出当期中国地方政府隐性债务余额为 8.9 万亿元。② 国际货币基金组织（IMF）也对中国地方政府隐性债务进行测算，通过广义债务余额减去狭义债务余额得出中国 2016 年底隐性债务余额为 19.1 万亿元（见表 3 - 8）。基于以上各机构的分析，各测度结果尽管存在一定的偏差，但仍可得出地方政府隐性债务余额在 20 万亿 ~ 30 万亿元之间，规模远超过地方政府显性债务，所以地方政府隐性债务风险必须防范，并需积极化解。

表 3 - 8　　　　国际货币基金组织估算的我国政府债务余额　　　　单位：万亿元

项目	2014 年	2015 年	2016 年
广义政府债务	33.9	39.6	46.3
1. 一般政府债务（估计）	25.9	28.8	33.0
（1）一般政府债务（狭义）	25.0	25.5	27.3
中央政府债务	9.6	10.7	12.0
明确的地方政府债务	15.4	14.8	15.3
（2）其他可能被认为是一般政府债务的部分	0.9	3.3	5.7
2. 融资平台债务中没有被纳入一般政府债务的部分	7.8	9.0	10.3
3. 与政府基金相关的政府债务	0.2	1.8	3.1
地方政府隐性债务（估计）	8.9	14.1	19.1

资料来源：笔者根据各年中国年度第四条磋商报告整理得到。

3.2.4　地方政府债务规模结构分析

当前，我国地方政府债务风险总体上是可控的，这点毋庸置疑，但局部地区的风险不容忽视，还存在隐性债务问题。对地方政府债务进行风险预警

---

① 资料来源：《银保监会摸底险企地方债风险》，中国经济网，2019 年 2 月 15 日。

② 资料来源：马克、洪蕴：《我国地方政府隐性债务及风险研究评述》，载于《经济研究参考》2020 年第 21 期。

监控时，除了关注地方政府债务的规模变化，更要注重债务规模与其他宏观经济指标的关系如负债率、债务率等。国际上通行的债务指标有两个，一个是负债率，是指年末债务余额与当年国内生产总值（GDP）的比率，通常使用《马斯特里赫特条约》（以下简称"马约"）规定的60%，来衡量经济增长对政府债务的依赖程度或总的政府债务水平。2020年末负债率指标是45.8%[①]，低于国际通行的60%警戒线，也低于主要市场经济国家和新兴市场国家水平，风险总体可控。另一个衡量地方政府债务风险水平的指标就是债务率，用来衡量债务规模大小。地方政府债务率就是债务余额除以综合财力，综合财力＝地方政府收入＋上级补助收入＋一般性转移支付＋专项转移支付＋体制结算补助＋所得税基数返还－上解支出－补助下级支出。2020年末地方政府债务率是93.6%。国际上通行的标准在100%到120%之间。[②]

从规模上来看，2013～2020年各省地方政府债务余额普遍呈上涨趋势，其中宁夏、山东、广西、福建和湖南等省债务增速超过100%。2017年，江苏地方政府债务余额规模最大，达到1.2万亿元，且东部省份债务余额均达到4000亿元以上；宁夏债务余额规模最小为1226亿元，仅为江苏的10%左右，[③] 西部省份举债规模限于经济实力普遍偏小。

从负债率和债务率这两个国际通用指标来看，我国的总体政府债务指标均低于国际警戒标准，不过，如果把地方政府债务的负债率和债务率这两个主要指标具体到各省份，那么，各债务指标的差异性还是较大的。从表3-9中可以看出，2020年的数据表明，大部分省份的负债率和债务率是可控的，而少数省份的指标测算结果则大大超过风险临界值，如全国最高的负债率为青海的81.65%，债务率也超过100%的警戒线范围；债务率最高的为黑龙江，达到353.80%，其余天津、内蒙古、陕西、新疆等债务率也超出风险合理范围。综上所述，比较债务指标值的全国平均水平，很明显可以判断出，我国地方政府债务风险总体是可控的，不过，由于各省份地方政府举借债务的历史不长，

---

① ② 《加强和完善地方政府债务管理情况国务院政策例行吹风会图文实录》，中华人民共和国国务院新闻办公室，2021年12月16日。

③ 资料来源：中国地方政府债券信息公开平台（http：//www.celma.org.cn/ndsj/index.jhtml）。

部分地区的政府债务增长速度较快，再加之当前宏观经济增长放缓，地方政府债务风险将逐年上升。所以要分类区别对待，尤其是债务负担较重的省份，要特别注重加强地方政府债务风险的动态监测，从根本上夯实财政收入。

表 3-9　　　　　　　　2020 年底我国各省债务率及负债率　　　　　单位:%

地区	省份	债务率	负债率	地区	省份	债务率	负债率
东部地区	北京	16.80	67.28	西部地区	四川	26.22	75.06
	天津	45.22	171.73		重庆	27.19	80.44
	上海	17.81	59.17		贵州	61.65	147.86
	河北	30.43	109.22		云南	39.12	112.56
	江苏	16.77	64.01		内蒙古	47.63	155.97
	浙江	22.66	61.23		陕西	28.39	165.95
	福建	18.99	86.99		甘肃	43.62	86.22
	山东	22.69	83.10		青海	81.65	126.79
	广东	13.83	53.40		宁夏	47.43	118.28
	海南	47.41	95.98		新疆	44.76	296.05
中部地区	山西	26.13	78.81		广西	34.37	83.52
	安徽	24.82	103.69		西藏	19.71	119.43
	江西	27.83	125.85	东北地区	吉林	42.41	96.67
	河南	17.85	74.91		辽宁	36.86	110.50
	湖北	23.20	100.89		黑龙江	41.50	353.80
	湖南	28.28	110.75				

资料来源：根据 Wind 数据库数据整理得到。

3.3　地方政府债务的管理现状分析

3.3.1　地方政府债务管理的相关法律不够健全

3.3.1.1　地方政府债务政策文件梳理

2014 年 8 月 31 日，十二届全国人大常委会表决通过了全国人民代表大会常务委员会《关于修改〈中华人民共和国预算法〉的决定》，该法案对地方政府债务管理具有标志性意义。2015 年版《预算法》对地方政府债务从"怎么借""怎么管""怎么还"等角度均进行了明确要求。其中第 35 条明确规定经国务院批准的省、自治区、直辖市的预算中必需的建设投资的部分资金，可以在国务院确定的限额内，通过发行地方政府债券举借债务的方式筹措。举借债务的规模由国务院报全国人民代表大会或者全国人民代表大会常务委员会批准。省、自治区、直辖市依照国务院下达的限额举借的债务，列入本级预算调整方案，报本级人民代表大会常务委员会批准。举借的债务应当有偿还计划和稳定的偿还资金来源，只能用于公益性资本支出，不得用于经常性支出。2015 年版《预算法》还要求对地方政府债务进行分类管理、规模控制和预算管理等，从法律的高度首次界定了全口径预算，还提出了相关配套政策，如设立定期评估和可退出机制；健全公开、透明、规范的预算制度；加强对重要事项如预算公开的内容、主体、时间等的信息披露。

2014 年 10 月 2 日，《国务院关于加强地方政府性债务管理的意见》赋予地方政府依法适度举债权限，经国务院批准，省、自治区、直辖市政府可以适度举借债务，市县级政府确需举借债务的由省、自治区、直辖市政府代为举借。明确划清政府与企业界限，政府债务只能通过政府及其部门举借，不得通过企事业单位等举借。

2015 年 3 月 12 日，财政部印发《财政部关于印发〈地方政府一般债券发行管理暂行办法〉的通知》，第 5 条规定一般债券由各地按照市场化原则自发自还，遵循公开、公平、公正的原则，发行和偿还主体为地方政府。

2015 年 4 月 2 日，财政部印发《财政部关于印发〈地方政府专项债券发行管理暂行办法〉的通知》，第六条规定专项债券由各地按照市场化原则自发自还，遵循公开、公平、公正的原则，发行和偿还主体为地方政府。

2017 年 4 月 26 日，财政部《关于进一步规范地方政府举债融资行为的通知》中明确规定，"对融资平台公司从事或参与违法违规融资活动的，依法依规追究企业及其相关负责人责任；对金融机构违法违规向地方政府提供融资、要求或接受地方政府提供担保承诺的，依法依规追究金融机构及其相关负责人和授信审批人员责任"。

2017 年 5 月，财政部印发《关于坚决制止地方以政府购买服务名义违法违规融资的通知》，明确禁止通过政府购买服务，采购货物工程，以及违背先有预算后购买服务的行为。

2017 年 7 月中旬，习近平总书记在全国金融工作会议上强调，各级地方党委和政府要树立正确政绩观，严控地方政府债务增量，终身问责，倒查责任①。2017 年，国务院常务会议强调，各地要落实属地责任，坚决遏制违法违规举债，继续整改违法担保，纠正政府和社会资本合作、政府投资基金、政府购买服务中的不规范行为②。

2017 年底，《财政部关于坚决制止地方政府违法违规举债遏制隐性债务增量情况的报告》明确指出，坚持中央不救助原则，做到"谁家的孩子谁抱"，坚决打消地方政府认为中央政府会"买单"的幻觉，坚决打消金融机构认为政府会兜底的幻觉。

2018 年 2 月，财政部印发了《关于规范金融企业对地方政府和国有企业投融资行为有关问题的通知》，强调要按照"穿透原则"加强资本金审查。同时确定了还款能力评估原则，即确保其自有经营性现金流能够覆盖应还债务本息。

2018 年 8 月，中共中央办公厅、国务院办公厅印发的《关于加强国有企业资产负债约束的指导意见》，明确要求坚决遏制地方政府以企业债务的形式增加隐性债务：严禁地方政府及其部门违法违规或变相通过国有企业举借债务、严禁国有企业违法违规向地方政府提供融资或配合地方政府变相举债；违法违规提供融资或配合地方政府变相举债的国有企业，应当依法承担相应责任。

---

① 《正确认识和把握防范化解财政债务风险》，理论网，2022 年 8 月 3 日。
② 《"开前门""堵后门"中国双管齐下解决地方债问题》，中新网，2017 年 7 月 29 日。

2019 年 3 月 8 日，财政部印发《关于推进政府和社会资本合作规范发展的实施意见》，列出了 PPP 的正面清单和负面清单，使得一些以 PPP 形式隐藏的政府债务得以显露出来。

2021 年 9 月，财政部发布《关于印发〈地方政府专项债券用途调整操作指引〉的通知》，对专项债券用途调整、资金使用等做了总体要求，并从项目调整条件、调整程序、信息公开、监督管理等方面对专项债券用途调整要求做出了详细规定。后续关于专项债券的使用还有相应的具体文件，如《国务院办公厅转发国家发展改革委等部门关于加快推进城镇环境基础设施建设的指导意见的通知》《国务院关于印发扎实稳住经济一揽子政策措施的通知》《国务院办公厅关于进一步盘活存量资产扩大有效投资的意见》。

伴随着 2015 年版《预算法》的颁布，其在很大程度上完善了我国地方政府债务的管理体制，地方政府债务治理也更加规范化和科学化。

3.3.1.2 地方政府债务管理的相关法律不够健全

从法律层面来看，当前仅有《担保法》和《预算法》等明确涉及地方政府债务管理，地方政府债务管理制度还不够规范和权威。

从实践角度来看，随着民生支出的不断增长，地方政府的财政压力越来越大，地方政府债务的规模也在不断扩大，而且当前还存在难以界定的不合法的隐性债务，但目前仍然缺乏系统性的地方政府债务管理制度、偿债准备金制度、债务风险预警制度等，对债务资金使用也缺乏有效的监督管理和绩效评价。

3.3.2 地方政府债务信息和数据不够透明

近年来，我国已颁布多项政策条例来推动地方政府债务信息和数据公开化，不过，地方政府债务数据长期以来都比较敏感，因此地方政府债务信息和数据的公开透明度还远远不够。目前，虽然财政部和各级财政部门会定期在网上公布财政收支数据，但地方政府债务的具体使用数据往往很难查找；财政部门在下一年度的决算报告中会公布地方政府一般债务和专项债务的实际决算表，但是公布的时间一般在 3 月份，较为滞后，其时效性有待加强；中国债券信息网主要统计和公布地方政府债券发行规模的相关数据，缺少各级地方政府债务余额的数据信息；审计署发布的审计数据只有汇总数据，并没有涉及各省市县乡的债务明细数据，导致局部地区地方政府债务状况并不为社会公众所知悉。从统计口径来看，财政部门运用《地方政府性债务管理系统》统计的债务数据不够准确。各级地方政府对债务统计口径理解存在偏差，还有财政部门对债务数据填报质量缺乏有效控制和动态管理措施等因素，造成财政债务统计数据不够准确。总体来看，地方政府债务信息的公开性和透明度还远远不够，不利于分析和研究地方政府债务及其风险治理，同时也不利于地方政府债务管理制度的完善。

3.3.3　地方政府债务风险预警体系与监管体系不健全

目前，地方政府债务风险预警机制在我国并未完全统一建立并全面实施，债务风险模型也大多来自外国的经验理论模型的照搬和套用，不能够与我国地方政府债务的实际国情相结合，在指标选取、数据来源、统计口径等方面都存在些许不足，导致模型分析结论与实际情况切合度不高。监管职责较为复杂且存在执法交叉，导致实际监管工作中的"越位"和"缺位"，互相依赖、相互推诿的现象严重。而且，各级人大及其常委会、各级审计等部门在法律上并没有被明确赋予监管的权力，因此也无法充分地发挥地方政府债务的监管和审计职能。

| 第 4 章 |

我国地方政府债务的风险分析

4.1 债务举借环节的风险分析

4.1.1 举债主体

2013 年审计署公布的地方政府性债务情况的统计数据显示，截至 2013 年 6 月底我国地方政府性债务规模巨大，大量债务存在于省、市、县、乡四级政府中，对于政府负有直接偿还责任的债务，四级政府所占比重分别为 16.33% 、44.50% 、36.35% 、2.82% 。[①] 很明显，市级政府负债占比最高，县级政府负债占比次之。

此外，如图 4 - 1 所示，通过将 2010 年、2013 年和 2014 年的各级地方政府的债务规模进行对比分析，结果较为明显，省级政府的债务比重逐年降低，而县级政府的债务比重在 2014 年明显加大；即地方政府债务的层级结构呈现下移趋势，同时县级政府的举债比重不断提高，债务在市县累积的趋势非常凸显。

---

① 《2013 年第 32 号公告：全国政府性债务审计结果》，中华人民共和国审计署官网，2013 年 12 月 30 日。

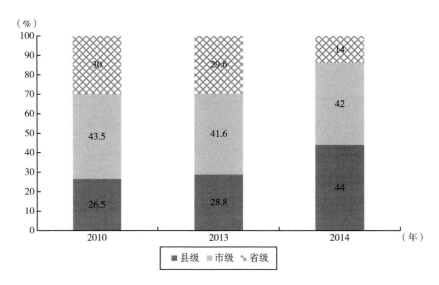

图 4 - 1 地方政府债务举债层级结构

资料来源：《2013 年第 32 号公告：全国政府性债务审计结果》，中华人民共和国审计署官网，2013 年 12 月 30 日。

从举债主体类型来看，地方政府性债务的举债主体由融资平台公司、政府部门及机构、经费补助事业单位、自收自支的事业单位、公共事业单位、国有独资或控股企业、其他单位等组成。其中，融资平台公司、政府部门及机构是我国地方政府性债务最为主要的举债主体。

截至 2010 年 12 月底，从地方政府性债务举借主体来看。地方政府性债务余额中，融资平台公司、政府部门和机构举借的分别为 49710.7 亿元和 24975.6 亿元，占比共计 69.69% （见图 4 - 2）。

从表 4 - 1 可以看出，2011 ～ 2013 年，地方政府性债务的规模从 107174.9 万亿元大幅增长到 178908.7 万亿元，增加的绝对规模为 71733.8 亿元，增速为 66.93%。具体来看，国有独资或控股企业、自收自支的事业单位及其他单位合计增加的举债规模为 28575.3 亿元，在地方政府性债务总增量中占比 39.84%，增量及增速均最大；融资平台公司增加的举债规模为 19993.7 亿元，在地方政府性债务总增量中占比 27.87%；政府部门及机构的举债规模增加了 15622.0 亿元，占比 21.78%。

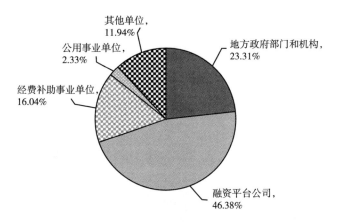

图4-2　2010年12月底地方政府性债务举债主体占比

资料来源：《2011年第35号：全国地方政府性债务审计结果》，中华人民共和国审计署官网，2011年6月27日。

表4-1　　　　　2011年和2013年我国地方政府性债务举借主体情况　　　单位：亿元

举债主体	合计		负有直接偿还责任的债务		政府或有债务			
					负有担保责任的债务		可能承担救助责任的债务	
	2011年	2013年	2011年	2013年	2011年	2013年	2011年	2013年
融资平台公司	49710.7	69704.4	31375.3	40755.6	8143.7	8832.5	10191.7	20116.4
政府部门及机构	24975.6	40597.6	15817.9	30913.4	9157.7	9684.2	0	0
经费补助事业单位	17190.3	32950.7	11234.2	17761.9	1551.9	1031.71	4404.2	5157.1
国有独资或控股企业	—	31355.9	—	11562.6	—	5754.14	—	14039.3
自收自支的事业单位	—	6025.4	—	3462.6	—	377.9	—	2184.6
其他单位	12800.1	3994.1	7584.9	3162.6	4211.8	831.4	1003.5	0
公共事业单位	2498.3	3280.6	1097.2	1249.3	304.7	143.9	10096.3	1896.4
合计	107174.9	178908.7	67109.5	108859.2	23369.7	26655.8	16695.7	43393.7

资料来源：《2011年第35号：全国地方政府性债务审计结果》，中华人民共和国审计署官网，2011年6月27日。

《2013年第32号公告：全国政府性债务审计结果》，中华人民共和国审计署官网，2013年12月30日。

2011～2013 年，政府负有直接偿债责任的债务由 67109.5 亿元增加到 108859.2 亿元，增长的绝对规模为 41749.7 亿元。具体来看，增长最高的是政府部门及机构的 15095.5 亿元，占总增长规模的 36.15%；融资平台公司的增加规模为 9380.3 亿元，占总增长规模的 22.47%。

近年来，地方政府融资平台公司通过举债融资，为地方经济和社会发展筹集资金，在加强基础设施建设以及应对国际金融危机冲击中发挥了积极作用。但由于地方政府融资平台在发展中存在运作不规范、变相担保等问题，中央政府加强了对平台的管理。截至 2021 年，全国共有 12156 家融资平台，经济发达的东部地区融资平台数量较多，按融资平台管理的投融资平台数量排在前三位的省份为浙江、江苏和四川，分别为 1325 家、1024 家和 820 家；数量最少的是西藏，只有 4 家。具体如图 4-3 所示。

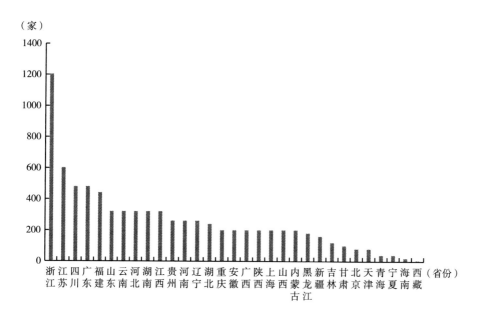

图 4-3　2021 年地方政府性融资平台公司分布

资料来源：胡恒松、刘政等：《中国地方政府投融资平台转型发展研究 2021——产业投资与资本运营视角下的城投转型》，经济管理出版社 2022 年版。

4.1.2 举债形式

2015 年之前,我国地方政府性债务的资金来源主要有银行贷款、建设—移交（BT）、发行债券、中期票据、短期融资券、应付款项、信托融资、延期付款、证券、保险业和其他金融机构融资、内外债、融资租赁、集资、其他单位和个人借款等多种债务来源。其中,银行贷款所占比重最大。来自审计署的数据显示,截至 2010 年 12 月底,地方政府性债务中银行贷款的比重高达 80%；截至 2013 年 6 月底,该比重有所下降,但依然高达 60%；有一个数据值得关注,同年发行地方政府债券的规模为 1.8 万亿元,而 2010 年这个数据只有 7 千多亿元,[1][2] 背后的原因是财政部出台的政府债券预算管理办法对地方政府发债条件适度放宽,很显然有利于地方政府融资渠道的转变,从间接融资转换到直接融资。2015 年地方政府"开闸"发债后,地方政府债券成为地方政府举借债务的唯一合法形式,但更要加强对地方政府债券规模、期限及利率等方面的管理。

从表 4 - 2 看出,我国省级地方政府自主发债后,地方政府债券投资主体多为商业银行和特殊结算成员,投资主体还未实现多元化,融资主体稍显单一,地方政府债券对于金融市场的影响程度较大,若不加以控制容易引发金融市场的风险。

表 4 - 2　　　　　　　　**2013 年我国地方政府债务资金来源情况**　　　　　　单位：亿元

债务来源	政府负有偿还责任债务	政府负有担保责任的债务	政府可能承担救助责任的债务
银行贷款	55252.5	19085.2	26849.8
BT	12146.3	465.1	2152.2

①　资料来源：《2011 年第 35 号：全国地方政府性债务审计结果》,中华人民共和国审计署官网,2011 年 6 月 27 日。

②　资料来源：《2013 年第 32 号公告：全国政府性债务审计结果》,中华人民共和国审计署官网,2013 年 12 月 30 日。

续表

债务来源	政府负有偿还责任债务	政府负有担保责任的债务	政府可能承担救助责任的债务
发行债券	11658.3	1637.6	5124.7
其中：地方政府债券	6146.3	489.7	0
企业债券	4590.1	808.6	3428.7
中期票据	575.4	344.8	1019.9
短期融资券	123.5	9.1	222.6
应付未付款项	7781.9	91.0	701.9
信托融资	7620.3	2527.3	4104.7
其他单位和个人借款	6679.4	552.8	1159.9
电子工资、延期付款	3269.2	12.7	476.7
证券、保险业和其他金融机构融资	2000.3	309.9	1055.9
国债、外债等	1326.2	1707.5	0
融资租赁	751.2	193.1	1374.7
集资	373.2	37.7	393.9
合计	108859.2	26655.8	43393.72

注：由于采用四舍五入法，故计算结果有一定的误差。

资料来源：《2013 年第 32 号公告：全国政府性债务审计结果》，中华人民共和国审计署官网，2013 年 12 月 30 日。

4.1.3　举债规模

衡量地方政府债务风险的考量因素之一是地方政府债务发行规模变动情况。审计署的相关审计数据显示，截至 2010 年底，全国地方政府债务余额为 107174.9 亿元，其中：政府负有偿还责任的债务为 67109.5 亿元，占 62.62%；政府负有担保责任的或有债务为 23369.7 亿元，占 21.80%；政府可能承担一定救助责任的其他相关债务为 16695.7 亿元，占 15.58%（见图 4-4）。截至 2013 年 6 月底，全国政府债务余额为 302749.7 亿元，其中负有偿还责任的债务为 206988.6 亿元，占 68.37%；负有担保责任的债务为

29256.5 亿元，占 9.66%；可能承担一定救助责任的债务为 66504.6 亿元，占 21.97%（见图 4－5）。

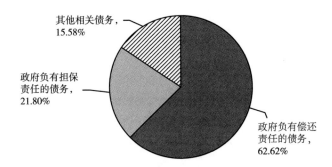

图 4－4　2010 年底全国地方政府债务规模情况

资料来源：《2011 年第 35 号：全国地方政府性债务审计结果》，中华人民共和国审计署官网，2011 年 6 月 27 日。

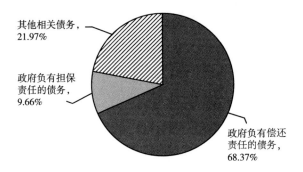

图 4－5　2013 年 6 月底全国地方政府债务规模情况

资料来源：《2013 年第 32 号公告：全国政府性债务审计结果》，中华人民共和国审计署官网，2013 年 12 月 30 日。

随着 2015 年版《预算法》的正式实施，地方政府自主发债全面"放闸"，地方政府债务的唯一合法形式为地方政府债券，发债规模及次数随之呈现"火箭式"的增长趋势。如图 4－6 所示，2015 年，我国地方政府债券规模为 38350.6 亿元；2016 年我国地方政府债券规模为 60458.4 亿元，是 2015 年的 1.58 倍；2017 年我国地方政府债券规模为 43580.4 亿元，和 2016 年相比下降幅度明显，在一定程度上表明我国地方政府债务总额及风险控制取得明显成效。此外，从图 4 - 7 展示的近年来债券市场主要债券品种发行量变化来看，我国地方政府债券发行量比重自 2015 年以来明显上升，对债券市场所起到的影响越来越大。

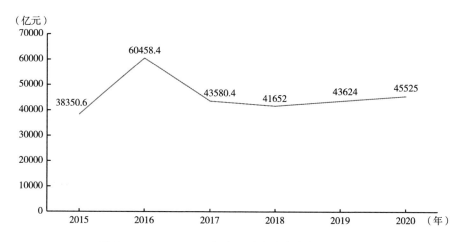

图 4 - 6　2015～2020 年我国地方政府债券规模变化

资料来源：中国地方政府债券信息公开平台（http：//www. celma. org. cn/ndsj/index. jhtml）。

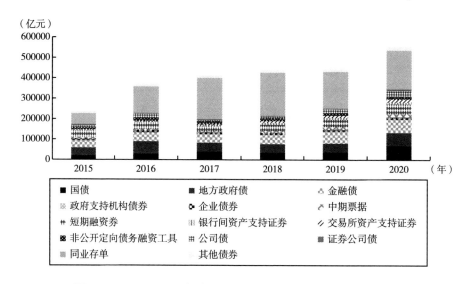

图 4 - 7　2015～2020 年我国债券市场主要债券品种发行量变化

资料来源：中国地方政府债券信息公开平台（http：//www. celma. org. cn/ndsj/index. jhtml）。

　　地方政府债券为地方政府提供了持续的、稳定的、规范的建设资金来源，某种程度上改善了央地政府间财政事权与支出责任的不匹配程度，也是梳理中央和地方财政关系的一种经济手段。要实现地方政府债务的可持续性融资，必须结合实际融资需要和地区实际经济负担，做到有目的、有约束地筹集资金。当前的地方政府债务是在权衡融资需要与经济负担后的一种有目的的和有约束的融资。

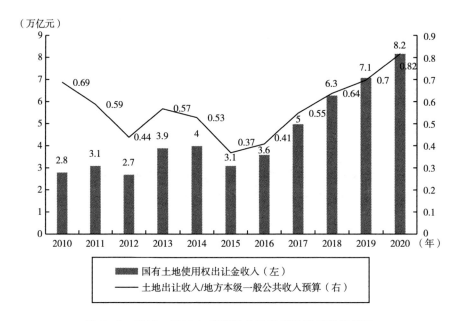

图 4 - 8　2010～2020 年我国地方政府置换债券发行情况

资料来源：财政部官网①。

　　从置换债券的角度来看，截至 2014 年 12 月底，地方政府存量债务余额为 15.4 万亿元，其中，1.06 万亿元是国务院批准发行的债券，地方政府通

――――――――――

　　①　《2018 年地方政府债券发行和债务余额情况》，中华人民共和国财政部官网，2019 年 1 月 23 日。

　　《2017 年 12 月地方政府债券发行和债务余额情况》，中华人民共和国财政部官网，2018 年 1 月 17 日。

　　《中央财政预算显示，2016 年末地方政府债务余额约 15.3 万亿元——堵死举债暗道 打开规范明渠》，中国经济网，2017 年 4 月 6 日。

过银行贷款、融资平台等非债券方式举借的存量债务为 14.34 万亿元，① 我国于 2015～2018 年连续三年通过发行置换债券来转化这部分存量债务。从 2015 年至 2018 年 12 月末，我国共发行置换债券 12.6 万亿元，全部债务于 2018 年置换完毕。

来自财政部的最新数据显示，截至 2021 年 12 月底，全国地方政府债务余额为 30.5 万亿元，控制在全国人大批准的限额（32.3 万亿元）之内，这也是地方政府债务规模首次突破 30 万亿元。其中，一般债务 137709 亿元，专项债务 166991 亿元；政府债券 303078 亿元，非政府债券形式存量政府债务 1622 亿元。与 2016 年的 15.32 万亿元相比，六年间债务规模翻倍。2021 年，全国发行新增债券 43709 亿元，其中一般债券 7865 亿元、专项债券 35844 亿元；发行再融资债券 31189 亿元，其中一般债券 17804 亿元、专项债券 13385 亿元；全国发行地方政府债券合计 74898 亿元，其中一般债券 25669 亿元、专项债券 49229 亿元。②

4.1.4　风险分析

（1）从举债主体来看，在 2015 年之前，地方政府性债务的举债主体主要是政府机构及部门与融资平台公司，审计署 2011 年第 24 号公告显示，融资平台公司及地方政府部门和机构举借的政府负有偿还责任的债务分别占 46.75% 和 23.57%③；审计署 2013 年第 32 号公告显示，融资平台公司及地方政府部门和机构举借的政府负有偿还责任的债务分别占 37.44% 和 28.40%④；因此，融资平台公司是地方政府性债务的最大举债主体。2015

---

① 《14 万亿地方存量债务三年置换完成》，经济参考网，2016 年 1 月 8 日。
② 资料来源：《2021 年 12 月地方政府债券发行和债务余额情况》，中华人民共和国财政部官网，2018 年 1 月 17 日。
③ 资料来源：《2011 年第 35 号：全国地方政府性债务审计结果》，中华人民共和国审计署官网，2011 年 6 月 27 日。
④ 资料来源：《2013 年第 32 号公告：全国政府性债务审计结果》，中华人民共和国审计署官网，2013 年 12 月 30 日。

年之后，地方商业银行和农信社是地方政府债券的主要承销团，投资主体过于单一，容易对银行体系产生冲击，引发金融风险，进而地方政府也很难规避与金融风险相辅相生的财政风险。

（2）从举债形式来看，在 2015 年之前，银行贷款是地方政府性债务的最主要举债形式。审计署公布的《2013 年第 32 号公告：全国政府性债务审计结果》显示，银行贷款达 101187.4 亿元，占地方政府性债务总规模56.6%，这一比重在 2010 年大约为 80%，比重的降低主要得益于银行对政府债务的收紧。① 2015 年之后，举债形式较为规范，即地方政府债券，但要警惕隐性债务，即各种违规变相举债。

（3）从举债规模来看，从前述的数据资料和数据分析可以看出，从2009 年起，地方政府债务规模连年攀升，地方政府性债务和地方政府债务的规模也不断在增长，但面临的宏观经济却是经济下行、"三期"叠加、新冠疫情冲击的新常态，那么，需要关注债务违约所引发的信用风险。

4.2　债务使用环节的风险分析

4.2.1　债务投向

地方政府债务是以地方政府信用为担保来举借资金，债务用途为大多投入地方性公共设施的建设，如道路交通、科学教育、医疗保障等方面，最终目的是未来更好地实现地方政府经济社会的高质量发展。

由表 4 – 3 可以看出，截至 2013 年 6 月 30 日，我国地方政府性债务资金的主要用途中：市政建设占 34.6%、交通运输建设占 24.4%、土地收储占11.2%、保障性住房占 6.5%、科教文卫占 5.8% 等。总体来看，市政建设、

---

① 资料来源：《2013 年第 32 号公告：全国政府性债务审计结果》，中华人民共和国审计署官网，2013 年 12 月 30 日。

交通运输以及土地收储是地方政府性债务资金的主要投入方向，投入总量为117750.1亿元，占比为70.2%，即大部分地方政府债务资金都被地方政府用于经济建设方面的投入。2015年之后地方政府债券的使用方向依然遵循国际公认的债务资金使用的"黄金法则"，一般用于交通、通信、住宅、教育、医院和污水处理系统等地方性公共设施的建设，即主要用于"资产"而非"吃饭"，而且大多有相应的实物资产和项目收益作为偿债保障，这也是我国地方政府性债务风险总体可控的重要保障。

表 4 - 3　　　　　　　　2013 年 6 月地方政府债务资金使用方向

项目	负有偿还责任的债务（亿元）	负有担保责任的债务（亿元）	可能承担救助责任的债务（亿元）	合计	
				债务额（亿元）	占比（%）
市政建设	37935.1	5265.3	14830.3	58030.6	34.6
土地收储	16892.7	1078.1	821.3	1792.1	11.2
交通运输建设	13943.1	13189	13795.3	40927.4	24.4
保证性住房	6851.7	1420.4	2675.7	10947.8	6.5
科教文卫	4878.8	752.6	4094.3	9725.6	5.8
农林水利建设	4086	580.2	768.3	5434.4	3.2
生态与环境保护	3218.9	434.6	886.4	4539.6	2.7
工业与能源	1227.1	805.0	260.5	2292.6	1.4
其他	12155.6	2110.3	2552.3	16818.1	10
合计	101188.8	25635.4	40684.3	167508.5	100

资料来源：《2013 年第 32 号公告：全国政府性债务审计结果》，中华人民共和国审计署官网，2013 年 12 月 30 日。

4.2.2　风险分析

通过分析债务资金的具体投向可知，我国地方政府债务大多都投入市政建设、交通运输等基础性项目。一般来说，这类基础性项目投资规模总量很大、投资回报却较为缓慢、建设周期还比较漫长，并且，这些投资项目多半属于公益性项目，这些公益类投资项目的经济效益较低，在短期内很难有效收回前期投资。此外，银行贷款是 2015 年之前我国地方政府性债务的主要资金来源，且资金成本较高，显然债务利息支付压力也较大。由于以上诸多因素的共同影响，经常出现债务期限已到而投入的项目却还处于建设期的这种矛盾现象，导致财政资金原本就不充足的地方政府不仅无法按期偿还债务，同时导致在建项目的后期建设资金不足，进一步融资的难度也较大。想要突破这种困境，地方政府不得不用"借新还旧"的方式来偿还已到期的债务，并筹集在建项目所需的后续资金，在这种运作模式下最终的结果必然导致地方政府债务规模不断扩大。

4.3   债务管理环节的风险分析

4.3.1   管理体制

从新中国成立开始，我国地方政府举债大致经历了可以举债、不准举债、代理举债和自行举债四个阶段。1958 年 6 月 5 日，全国人民代表大会常务委员会通过了《中华人民共和国地方经济建设公债条例》（失效日期：1987 年 11 月 24 日），其中第二条规定省、自治区、直辖市认为确有必要的时候，可以发行地方经济建设公债，由各省、自治区、直辖市人民委员会统一办理。1995 年 1 月 1 日起开始实施的 1995 年版《预算法》第 28 条规定，除国务院特别批准外，地方政府不能举借债务，地方政府所需资金通过中央政府的国债转贷和专项借款来完成。地方政府发债经历了 2008 ~ 2009 年的"代发代还"模式、2011 ~ 2013 年的"自发代还"模式、2014 年至今的"自发自还"模式。2015 年 1 月 1 日起开始实施的《预算法》，标志着我国省级地方政府债券发行全面"开闸"，开启了地方政府债务发展的新篇章。

2015 年版《预算法》从法律层面上允许地方政府发行债券，对地方政府债务实行规范管理：（1）限制举债主体，经国务院批准的省级政府才可以发行债券；（2）限制举借范围，所借资金是经国务院批准的省级政府预算中所必需的建设投资；（3）限制举借方式，明确规定了地方政府债券是地方政府融资的唯一合法形式；（4）限制债务资金用途，债券只能用于公益性资本支出，不得用于经常性支出。

我国地方政府债务管理从允许地方政府根据经济发展需要举债、禁止地方政府直接举债，到"代发代还"模式、"自发代还"模式，再到现行"自发自还"模式，地方政府的发债权限根据不同的经济发展阶段有不同的规定和限制，但总体来说，地方政府的发债行为都是在中央政府规定和限制下有序进行的，这也呈现出我国地方政府债务的管理模式是以行政管理模式为主。

4.3.2　管理机制

对地方政府债务的管理，中央政府历来都非常关注。1993 年 4 月 11 日，国务院发布《国务院关于坚决制止乱集资和加强债券发行管理的通知》；1993 年 9 月 3 日，国务院发布《国务院关于清理有偿集资活动坚决制止乱集资问题的通知》。两者都明确规定，除国务院特别批准外，地方政府不得以任何名义乱集资。1995 年 1 月 1 日起施行的《预算法》第 28 条规定，除法律和国务院另行规定外，地方政府不得发行地方政府债券。1995 年 10 月 1 日起施行的《担保法》第 8 条明确规定，除国务院批准为使用外国政府或者国际经济组织贷款进行转贷之外，国家机关不得为保证人。中国人民银行颁布的自 1996 年 8 月 1 日起施行的《中国人民银行贷款通则》第 61 条规定，各级行政部门和企事业单位、供销合作社等合作经济组织及其他基金会，不得经营存贷款等金融业务。

2008 年金融危机后，我国地方政府债务规模急剧膨胀。2010 年 6 月 10 日，为有效防范财政金融风险，加强对地方政府融资平台公司管理，保持经济持续健康发展和社会稳定，国务院发布《国务院关于加强地方政府融资平台公司管理有关问题的通知》，要求各级地方政府抓紧清理核实并妥善处理融资平台公司债务；对融资平台公司进行清理规范；加强对融资平台公司的融资管理和银行业金融机构等的信贷管理，凡没有稳定现金流作为还款来源的，不得发放贷款；并坚决制止地方政府违规担保承诺行为，除法律和国务院另有规定外，地方各级政府及其所属部门、机构和主要依靠财政拨款的经费补助事业单位，均不得以财政性收入、行政事业等单位的国有资产，或其他任何直接、间接形式为融资平台公司融资行为提供担保。

2010年12月3日，为促进银行业金融机构完善审慎信贷管理制度，做好包括地方政府融资平台贷款在内的中长期贷款风险管理工作，中国银行业监督管理委员会（以下简称银监会）颁布《中国银监会关于规范中长期贷款还款方式的通知》，要求规范中长期贷款还款方式，合理确定中长期贷款期限，完善中长期贷款风险分类制度，健全中长期贷款内部管理制度。

2010年12月16日，为有效防范融资平台公司贷款（含各类授信，以下简称融资平台贷款）风险，银监会发布《中国银监会关于加强融资平台贷款风险管理的指导意见》，要求严格落实贷款"三查"制度，审慎发放和管理融资平台贷款；准确进行融资平台贷款风险分类，真实反映和评价贷款风险状况；加强对融资平台贷款的监管，有效缓释和化解融资平台贷款风险。对融资平台公司的银行贷款进行严格控制和监管，采取名单监管方式对融资平台的贷款进行全面排查。

为了规避监管，银行转而通过信托等表外方式又促成了资金向地方政府的流动，而表外资产由于更加隐蔽，因此监管难度更大。为了加强对信托业务的规范管理，2011年6月16日，银监会颁布《关于做好信托公司净资本监管、银信合作业务转表及信托产品营销等有关事项的通知》；2011年6月28日，银监会又颁布《关于进一步落实信托公司、金融租赁公司地方政府融资平台清查工作的通知》；对信托业务（与地方政府融资平台公司有关的）进行摸底和监管。2013年1月1日，为有效防范影子银行风险，引导其健康发展，国务院颁布《关于加强影子银行监管有关问题的通知》，要求正确把握影子银行的发展与监管；进一步落实责任分工；着力完善监管制度和办法；切实做好风险防控；加快健全配套措施。

2014 年 10 月 2 日，国务院发布了《国务院关于加强地方政府性债务管理的意见》，这也被认为是迄今关于地方政府债务最全面的权威文件。为了落实"43 号文"，财政部在 2014 年 10 月下旬又印发了配套文件《财政部关于印发〈地方政府存量债务纳入预算管理清理甄别办法〉的通知》，首次明确了哪些债务由企业负责，哪些债务归属地方政府，最终成为地方政府的直接债务。相关文件还有《关于进一步规范地方政府举债融资行为的通知》《关于坚决制止地方以政府购买服务名义违法违规融资的通知》等。

从前述密集的政策发布及出台背景可知，中央政府层面发布的对地方政府性债务进行规范管理的政策文件基本属于问题导向型的事后管理机制，目的是堵住发现的漏洞。与地方政府债务相关的银行贷款、信托业务、银行理财等由银保监会进行监督管理；对地方政府融资平台发行企业债券的事项由发改委进行规范管理；地方政府债券发行的条件、额度等具体事宜由财政部进行规范管理。对监管内容进行分析可知，目前尚未形成统一的规范监管体系，监管效力大打折扣。

关于地方政府债券，中央政府先后发布《财政部代理发行 2009 年地方政府债券发行兑付办法》《关于印发〈2009 年地方政府债券预算管理办法〉的通知》《财政部代理发行地方政府债券财政总预算会计核算办法》《关于印发〈新增地方政府债务限额分配管理暂行办法〉的通知》等高层次文件对地方政府债券的发行和核算进行了规范管理。为规范地方政府债券发行管理，保护投资者合法权益，2020 年 12 月 9 日，财政部制定了《财政部关于印发〈地方政府债券发行管理办法〉的通知》，同时废止《财政部关于印发〈地方政府一般债券发行管理暂行办法〉的通知》和《财政部关于印发〈地方政府专项债券发行管理暂行办法〉的通知》。

4.3.3　风险分析

（1）举债方式多元化。根据审计署 2013 年发布的《全国政府性债务审计结果》，与 2011 年及以前年度相比，地方政府的举债方式更具多样性。

2011 年银行贷款占比为 79%，2013 年降至 56.56%。2013 年发行债券比为 10.23%，BT 融资占比为 8.25%，信托融资占 7.97%。信托等表外融资模式具有很强的隐蔽性，2015 年之后的隐性债务主要是通过担保、出具承诺函等不合规操作及伪 PPP 项目、包装成政府购买等变相举债方式产生。

（2）多头举债。在实践中，地方政府还会依托各部门各项目的建设及融资需求来成立相应的融资平台。多头举债不利于政府对债务及风险状况进行整体判断和把握。在债务资金的调用上，部分地区的融资项目和资金使用项目的脱节问题长期存在。

（3）信息不透明。2014 年地方政府性债务的规模只有个别省份在决算报告中进行了公布；2015 年地方政府发债规模在 14 个省份的决算报告中进行了公布；从 2018 年开始，地方政府债券发行总量等信息全部公开，也都列入预算；但是，更加详细的债务信息如债务结构、债务使用情况、举债项目建设情况、债务偿还等仍然难觅其踪。这种信息不对称不利于投资者判断债券的风险状况，可能会造成投资者的收益损失。

从表 4-4 中由刁伟涛（2017）研究得出的地方政府债务透明度评估来看，各省份的主动透明度普遍不乐观，东部省份的平均透明度最高，西部省份次之，中部省份最低，但是区域内省份之间的差异性很大，呈现出一定的随机性。全国范围内政府债务透明度均有很大提升空间，应及时公布地方政府债券借用还等各方面的数据。

表 4-4　2014~2015 年各省份地方政府债务信息透明度评分（百分制）

省份	2014 年			2015 年		
	辖区全域	本级	平均	辖区全域	本级	平均
北京	10.00	6.00	8.00	10.00	6.80	8.40
天津	10.00	10.00	10.00	10.00	10.00	10.00
河北	5.00	5.46	5.28	5.22	5.46	5.36
山西	5.28	5.73	5.55	5.20	5.82	5.58
内蒙古	5.00	5.00	5.00	5.75	5.50	5.60

续表

省份	2014 年			2015 年		
	辖区全域	本级	平均	辖区全域	本级	平均
辽宁	5.57	0.43	2.99	4.65	4.79	4.73
吉林	5.89	5.56	5.69	6.00	6.34	6.20
黑龙江	4.54	1.54	3.04	4.71	2.51	3.63
上海	10.00	6.00	8.00	10.00	6.80	8.40
江苏	5.39	6.16	5.85	6.05	6.33	6.21
浙江	5.28	3.55	4.44	1.37	1.89	1.68
安徽	5.69	0.88	3.30	6.06	4.84	5.49
福建	5.00	0.00	2.50	5.89	5.24	5.66
江西	3.46	0.46	1.96	6.53	3.86	5.09
山东	7.41	6.65	6.96	5.25	4.58	4.85
河南	5.18	5.00	5.07	6.41	6.65	6.56
湖北	5.00	5.93	5.56	1.18	1.94	1.64
湖南	5.72	6.15	5.97	6.27	7.30	6.89
广东	6.48	1.43	3.95	6.01	245.00	4.28
广西	5.93	7.36	6.79	6.13	7.12	6.72
海南	6.25	1.25	3.75	7.00	2.00	4.40
重庆	6.00	6.00	6.00	10.00	6.80	8.40
四川	6.57	4.10	5.29	6.78	1.98	4.31
贵州	7.45	2.89	5.21	7.45	3.85	5.68
云南	7.75	7.57	7.64	7.52	7.21	7.33
西藏	1.15	0.72	0.89	4.46	4.12	4.26
陕西	5.60	5.80	5.72	4.10	3.40	3.68
甘肃	5.72	7.36	6.50	8.25	7.61	7.86
青海	6.25	6.63	6.48	6.25	6.23	6.24
宁夏	5.60	4.20	4.96	3.88	2.60	3.35
新疆	6.15	6.15	6.15	5.87	6.01	5.96

省份	2014 年			2015 年		
	辖区全域	本级	平均	辖区全域	本级	平均
东部平均	6.94	4.27	5.61	6.49	5.12	5.82
中部平均	5.08	4.03	4.57	5.35	4.97	5.19
西部平均	5.83	5.34	5.60	6.43	5.18	5.80
全国平均	6.01	4.58	5.31	6.14	5.10	5.63

资料来源：刁伟涛：《中国地方政府债务透明度评估：2014－2015》，载于《上海财经大学学报》2017 年第 19 期。

4.4 债务偿还环节的风险分析

4.4.1 偿还主体

地方政府、行政事业单位、项目收益部门等曾是我国地方政府性债务的偿债主体，具体由谁来还，需要进行具体分析。属于行政事业单位的借款，由单位部门把每年需要偿还的债务编进本单位部门预算，辅助采取预算通知、财政代扣等方式进行督促；投向公益性项目的债务，由地方政府以财政资金来偿还；投向收益类项目的债务资金，将经营性收入纳入财政专户监管，确保项目收益用以偿还政府债务。在"自发自还"阶段，地方政府自行发行债券，直接向投资人支付本金和利息，中央政府实行不救助原则。

4.4.2 偿债期限

2009 年和 2010 年，我国地方政府性债务规模处于急速扩张时期，这种过于集中的举债行为，导致的政府债务到期时间或偿还时间过于集中。

从表 4－5 来看，2013 年、2014 年、2018 年及以后年度负有偿还责任的债务规模较大，分别为 24949.1 亿元、23826.4 亿元、20419.8 亿元，占比分别为 22.9%、21.9% 和 18.8%；三大类债务总额分别为 32944.4 亿元、35681.1 亿元、48795.5 亿元，在地方政府债务总额中占比各为 18.4%、20.0%、27.3%，合计 65.7%。其他几个年份，2015 年、2016 年、2017 年，到期需偿还的债务压力相对较小，分别为 15.5%、10.9%、8.0%，合计 34.3%。

表 4-5　　　　　　　　地方政府性债务余额未来偿债情况统计

偿债年度	负有偿还责任的债务		负有担保责任的债务（亿元）	承担救助责任的债务（亿元）	合计	
	金额（亿元）	比重（%）			金额（亿元）	比重（%）
2013 年 7～12 月	24949.1	22.9	2472.7	5522.7	32944.4	18.4
2014 年	23826.4	21.9	4373.1	7481.7	35681.1	20.0
2015 年	18577.9	17.1	3198.4	5994.8	27771.1	15.5
2016 年	12608.5	11.6	2606.3	4206.5	19421.3	10.9
2017 年	8477.6	7.8	2298.6	3519	14295.2	8.0
2018 年 及以后	20419.8	18.8	11706.8	16669.1	48795.5	27.3
合计	108859.2	100	26655.8	43393.7	178908.7	100

资料来源：《2013 年第 32 号公告：全国政府性债务审计结果》，中华人民共和国审计署官网，2013 年 12 月 30 日。

4.4.3　风险分析

通过表 4-6 对地方政府债务偿还情况的分析，充分显示了由于借债时间集中而导致的偿债时间集中，这种不合理的偿债期限结构导致地方政府债务的偿还期限与项目投资回报期之间的严重错配，这对原本财政压力就较大的地方政府而言无异于"雪上加霜"，偿债压力倍增，甚至在某些年份，地方政府的公共财政收入水平远不够偿付当年到期的债务。

表 4 - 6   债务置换前后的地方政府偿债规模   单位：亿元

债务到期年份		2015 年	2016 年	2017 年	2018 年
置换前的存量债务	合计	26985.30	19637.47	14660.84	16648.65
	到期利息	6917.90	5914.53	5228.38	4756.76
	到期本金	20067.40	13722.94	9432.46	11891.89
置换后的存量债务	合计（包括未置换债务）	6985.30	20337.47	15360.84	20348.65
	置换债务到期利息	0.00	700.00	700.00	700.00
	置换债务到期本金	0.00	0.00	0.00	3000.00
2015 年举借债务	合计	0.00	210.00	210.00	1110.00
	到期利息	0.00	210.00	210.00	210.00
	到期本金	0.00	0.00	0.00	900.00
置换前的到期偿债量		26985.30	19847.47	14870.84	17758.65
置换后的到期偿债量		6985.30	20547.47	15570.84	21458.65

资料来源：中国债券信息网（https：//www.chinabond.com.cn/zzsj）。

通过对债务资金来源和偿还方式的分析，很显然，债务资金用途基本限定了偿债资金来源，无非两种：财政资金和项目自身收益。从图 4 - 9、图 4 - 10 和图 4 - 11 来看，地方政府对土地财政具有很强的依赖性，2015～2021 年逐渐上升，土地出让金同步增长。应该建立稳定的地方财政收入机制，夯实地方财政收入水平，这是治理地方政府性债务风险的"本"。

2015 年之前实行的中央代发地方政府债券模式相当于利用中央政府的信用为地方政府借债来担保，如果地方政府不能按期足额地偿还到期债务，那么，这些债务就自动转嫁至中央政府身上。基于此，地方政府便有了中央政府"兜底"的预期。

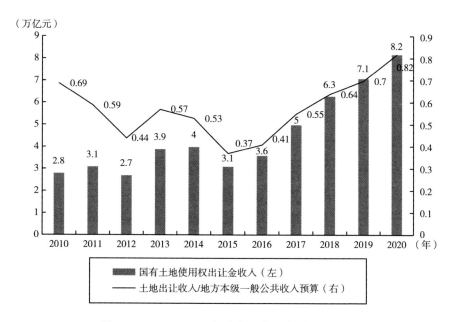

图 4 - 9　2010~2020 年地方政府土地财政依赖度

资料来源：历年《中国国土资源统计年鉴》。

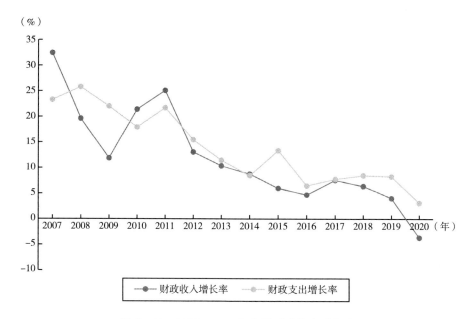

图 4 - 10　2007~2020 年我国财政收支增长率

资料来源：国家统计局。

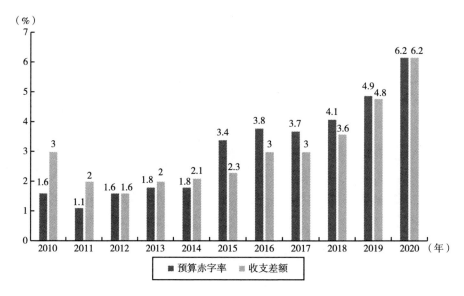

图 4 - 11　2010 ~ 2020 年我国财政收支差额比率和预算赤字率

资料来源：根据 Wind 数据库数据整理得到。

4.5　地方政府隐性债务风险分析

2015 年版《预算法》实施后，我国地方政府显性债务的统计口径基本确定为地方政府债券，这是地方政府举债融资的唯一合法形式。而地方政府隐性债务由于其特有的隐匿性和不可控性，尚未有明确的统计口径；举债主体多元化、交易结构复杂化、表现形式隐蔽化，导致界限不清晰、底数不清楚，无法进行准确测算和计量。所谓地方政府隐性债务是法律上虽然未明确由政府来承担，但政府出于社会道义或某些规则的要求，未来可能需要承担偿债责任的债务。从理论角度分析，隐性债务是地方政府未来可能需要承担偿还责任但并未纳入预算体系的债务。从实践角度考察，隐性债务是在法定限额之外，地方政府为了规避法律法规及政策约束，利用各类金融工具违法违规融资或者变相举借的债务。很显然，隐性债务本质上并不是政府的法定债务，很难纳入预算。其主要有以下几种表现形式：一是担保类债务，例如，表面由地方政府对债务提供担保，实际承诺用财政资金偿还；以地方政府购买服务为名来支付建设资金；应该归属政府担保但没有统计及管理的政府担保债务；各种过桥贷、银政担等。二是建设性债务，包括公益性项目（棚改项目、保障性住房等）、准公益性项目（交通运输、地下管网等），甚至部分竞争性项目等，以及投融资平台产生的债务、伪 PPP 项目产生的债务、地方金融机构呆坏账、地方国有企事业单位亏损等。三是消费性债务，主要是各类社会保障资金缺口，如养老、失业、基本医疗等各种社会保障资金缺口。

4.5.1　地方政府隐性债务的风险分类

4.5.1.1　PPP 推进过程中的隐性债务风险

自 2014 年推行 PPP 模式以来，各地 PPP 项目不断立项落地，尽管 PPP 项目积极推动了政府服务、企业发展和公众诉求的有效结合，促进了公共物品的有效供给，但 PPP 项目可能产生的隐性债务风险：一是在推进过程中，由于 PPP 项目的融资渠道隐蔽性强，再加上 PPP 项目的建设周期也较长，为此投资的地方政府财政支出也是长期且隐蔽的，因此成为部分地方政府违规举债的新途径，甚至出现了"明股实债""伪 PPP"等项目，进一步加大了我国地方政府的隐性债务风险。二是地方政府对于 PPP 的融资功能过于强调，却相对忽视了在各方合作中的权责，从而地方政府在项目推动中承担了本可以避免的隐性债务风险及连带责任。因此，必须加强对 PPP 项目的管控，否则潜在的债务风险终将演变为财政风险。

4.5.1.2　政府产业基金中违规融资的隐性债务风险

"43 号文"及 2015 年版《预算法》实施之后，严禁地方政府违法违规变相举债。为满足投资需求，部分地方政府通过发展引导基金，即通过政府投资引导金融和民间资本的流入，从而实现融资目的。有些 PPP 项目借助政府产业基金的名称，以政府产业基金作为表外融资，不直接增加地方政府债务，但却以股权的方式参与投资，"明股实债"。此外，部分地方政府在吸引投资时，对基金的参与方做出最低收益的承诺，又增加了地方政府连带兜底的负担。此外，部分政府产业基金项目中出现了发展多个重复项目的问题，导致投资效率低下，从而又增加了地方政府的隐性债务风险。

4.5.1.3　政府购买服务中的违规举债风险

政府购买服务本来是将政府应履行的一部分公共职能通过和社会方签约，由社会承担从而促进市场发展的一种手段。在实际操作中，有的地方政府不仅扩大了政府购买服务范围，如工程类等项目，并且在没有财政资金做预算支出的情况下，以政府名义签订政府购买服务的协议，从而违规举债，造成严重的违法违规行为，产生了较大的隐性债务风险。

4.5.1.4　地方政府融资平台中的隐性债务

虽然 2015 年版《预算法》已经要求剥离融资平台公司为地方政府融资的职能，并向市场化转型，但是，当前的融资平台公司仍然产生了大量债务，除了已经甄别且置换完成的存量债务外，投融资平台由于政府所有或控股的股本结构没有变，其融资的方向也没有发生大的转变，其吸纳的融资大多用于公益性或准公益性项目，导致地方政府隐性债务产生。作为地方政府融资曾经的重要渠道的融资平台公司，应制定合理的、有针对性的政策，推动融资平台的稳步转型。

此外，地方政府隐性债务风险还包括国企债务转嫁、社会保障基金缺口、对民营企业的援助等。除了政府举债之外，由于政府债务投资的利用率不高，再加上债务投资大多投向公益性基础设施建设，对于每年需要偿还的存量债务政府缺乏足够的资金，这样又会导致新的违规举债，从而增加新的债务风险。

4.5.2　地方政府隐性债务的风险传导

4.5.2.1　隐性债务向财政风险的传导

（1）表现为隐性债务风险向地方政府财政风险的传导。各种形式的隐性债务都会在一定程度上通过隐性的政府担保或承诺向财政风险传导，尤其是地方政府投融资平台，由于在转型的过程中其与地方政府的关系并没有彻底地独立，从股权、融资到投向、偿还都与地方政府保持相对密切的关系，从而地方政府成为其隐性担保人，一旦该平台爆发风险，必然会引发地方政府的财政风险。

（2）表现为隐性债务风险向上级财政风险的传导。地方政府隐性债务多在市县级政府积累，再加上基层管理的缺失及风险意识的薄弱，导致隐性债务的规模、形式等都远超表面现象，且债务投资大部分投向不以营利为目的、收益较为低下、回收期较长的基础设施建设，偿还债务的能力也较低。一旦由于政府资金缺口爆发隐性债务风险，在本级政府偿还不了的情况下必然会层层上移至各级政府，逐步引发上级政府的财政风险。

4.5.2.2　隐性债务向金融风险的传导

地方政府隐性债务融资来源集中度较高，主要来自银行资金。根据政府债务监管的多项政策，各种违规借债担保或承诺应予以撤销，因此对于银行的高额债务除由金融机构可以合规保全外，其余大部分隐性债务一旦出现违约，会导致金融机构出现巨大的资金端风险。其中从金融机构获得的资金还有不少通过政府和金融机构的创新工具从各种具有隐蔽性的影子银行融入，使金融机构的隐性风险更加复杂。在偿还方面，由于隐性债务规模大，且没有考虑合理的期限错配，致使金融机构的流动性风险较大。

4.6 我国地方政府债务风险的基本判断

4.6.1 总体风险可控

（1）从债务规模来看，自 2009 年以来，地方政府债务的总体规模、债务结构、债务投向、债务偿还等经过了审计署及各省审计部门的全面审计和局部审计，财政部及各级财政部门也定期公布地方政府债务情况，债务信息比之前更加公开和透明，为地方政府债务风险评估提供了权威的数据支持（见表 4 - 7）。

表 4 - 7　　　　　　　　2010～2021 年地方政府债务规模情况统计

时间	地方政府性债务余额（亿元）	时间	地方政府债务余额（亿元）
2010 年	107147.91	2015 年	147568.37
2013 年 6 月	178909.66	2016 年	153557.59
2014 年	240000	2017 年	165099.80
		2018 年	184618.67
		2019 年	213097.78
		2020 年	256615
		2021 年	304700

资料来源：中国地方政府债券信息公开平台（http://www.celma.org.cn/ndsj/index.jhtml）。

从债务数据分析可知，2015 年之前的地方政府性债务和 2015 年之后的地方政府债务余额绝对规模都很大，而且相对指标显示增速较快，不过，地方政府债务规模与债务风险之间并不是完全的绝对正相关。

（2）从债务指标来看，国际上对政府性债务安全性的判断主要参考《马斯特里赫特条约》中的两个临界值指标：一个是政府性债务余额占 GDP 的 60%，一个是财政赤字占 GDP 的 3%。2020 年的赤字率突破 3%，原因是突发的新冠疫情给我国甚至全球经济都带来了巨大冲击（见表 4 - 8、表 4 - 9）。

表 4 - 8　　　　　　　　**2015～2020 年相关债务指标测算**　　　　单位:%

指标	2015 年	2016 年	2017 年	2018 年	2019 年	2020 年
政府负债率（债务余额/GDP）	24	36.7	36.2	37	38.5	45.8
地方政府债务率（债务余额/综合财力）	89.25	80.5	—	76.7	82.9	93.6

表 4 - 9　　　　　　　　　**2012～2021 年我国赤字率**　　　　　单位:%

指标	2012 年	2013 年	2014 年	2015 年	2016 年	2017 年	2018 年	2019 年	2020 年	2021 年
赤字率	1.5	2.1	2.1	2.3	3	3	2.6	2.8	3.6	3.2

　　由表 4 - 8、表 4 - 9 可以看出，一方面，我国地方政府的负债率处于合理的、安全的区间内；另一方面，我国地方政府的债务率处于风险警戒线之内。这两点说明目前我国地方政府债务风险总体是可控的、安全的。

　　刘尚希、赵全厚等（2012）通过分析"十一五"时期的存量债务、公共投资需求、公共投资能力等对"十二五"时期的债务余额、债务率、偿债率等指标的影响来进行定量测算，得出结论：我国地方政府性债务总体风险是绝对可控的，但是部分指标却反映了地方政府面临着较大的债务风险，可以说存在着结构性风险。

　　我们把地方政府的负债率和债务率具体铺开到各具体省份来看，发现各省之间的债务指标差异还是比较大的。其中，通过具体分析 2019 年各省的债务情况可知，有的省份的两个指标值均在合理的范围内，表现优秀；但也有省份两个指标值均超过风险警戒值，如青海的两个指标值分别都超过警戒线。再继续进行分析，超过负债率国际警戒线 60% 的省份有贵州和青海；有一半以上省份的债务率超过 100%，如黑龙江和新疆。虽然从全国债务指标数据来看，我国地方政府债务风险总体可控，但是由于部分地区的政府债务增长速度较快，其债务风险也将逐年增大。因此，对于债务负担状况较严峻的省份，要注意区域性风险单位防控和治理（见图 4 - 12）。

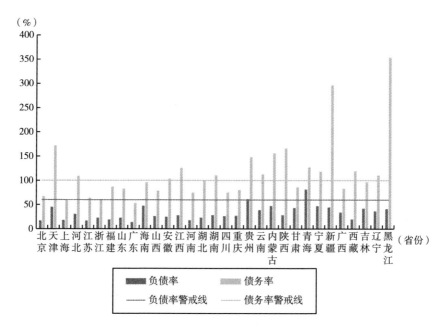

图 4 - 12　2020 年 12 月底我国各省份债务率及负债率

资料来源：根据 Wind 数据库数据整理得到。

4.6.2　新常态下隐藏着诸多结构性风险

4.6.2.1　融资主体紧缩与资金需求强烈之间的矛盾风险

对于 2013 年之前的地方政府债务，银行贷款、BT、发行债券是政府负有偿还责任债务的主要债务资金来源，其中，银行贷款占 78.07%[①]，是地方政府债务的最大债权人，这已经给银行业在"去杠杆"过程中造成了极大的冲击，因而来自银行贷款的比重未来必然将逐步收缩，但仍占主导地位。与此同时，还存在着大量的隐性举债主体，如融资平台公司、影子银行等，其造成的直接后果就是债务不透明，不利于政府部门进行计量、审计和监

[①]　资料来源：审计署发布的《全国地方政府性债务审计结果》（2013 年）。

督。另外，当前地方政府在加强医疗保险和养老保险、推进基础设施建设等改善民生和提高公共服务能力的支出方面依然负有重要职责，这两种矛盾冲突的结果必然要求强化政府作为经济社会管理者的公共财政责任。

4.6.2.2　经济减速下行带来的地方政府偿债能力弱化与违约风险

地方政府的偿债能力与地方公共财政的收支水平、债务投资项目的盈利水平等多种因素密切相关。近年来，地价上涨成为地方政府债务扩张的"助推器"，地方财政逐步沦落为"土地财政"。当前，支撑高房价的制度环境、货币基础和市场条件已然发生了改变。地方政府债务对土地出让收入有相当程度的依赖，地方政府融资平台也多以土地作为融资抵押物，地价波动直接影响其融资和债务偿还能力。一旦房价"泡沫"破灭，地价将大幅下跌，地方政府的偿债能力必然下降，而以土地做抵押的融资项目也必然遭受违约的信用危机。另外，当前中国经济形势虽然向好但仍有波动，加之近年来新冠疫情的冲击，诸多因素导致的结果就是地方政府偿债能力的弱化和违约风险的加大。

4.6.2.3　负债层级下移可能引发的结构性风险

从政府层级的角度来分析，省、市、县、乡四级地方政府均分布着大量的债务，且债务主要集中在市、县两级。负债层级越下移，越容易引发财政危机。从全国范围来看，县域经济总体较为单薄，城镇化和工业化程度普遍不高，而且市、县两级地方政府也不具备发行债券的资格，财政收入能力处于弱势且土地开发在短期内缺乏足够动力，因而在债务增速加快的同时，债务风险不断聚集累积，也更容易成为地方政府性债务风险的爆发点和重灾区。

4.6.2.4　债务期限错配和格局失衡带来的流动性风险

地方政府债务投资的基础设施项目大多周期长，变现能力弱，债券发行期限内（3 年和 5 年）很可能没有足够的效益来偿还本息，若到期不能偿还，将给相关金融机构的资产流动性带来巨大压力。来自中国银保监会的数据显示，2021年末，全国商业银行不良贷款余额为2.8万亿元，较年初增加1455.5亿元，增量为2014年以来新低；不良贷款率为1.73%，比上年末下降0.11个百分点。① 另外，"借新债还旧债"这种高杠杆运作方式也隐匿了大量的信用风险，在金融业"去杠杆"和经济下行压力下，提供大量地方政府融资的银行、信托等金融机构资产的质量风险或将不断暴露。

_____

① 资料来源：根据银保监会发布数据整理得到。

第 5 章

地方政府债务风险的成因分析

5.1　理论形成机制

5.1.1　风险理论

　　风险理论源自 20 世纪初，把风险经典理论与债务风险这个实际问题融合在一起进行研究，对债务风险治理具有很强的理论和实践意义。风险是基于一系列不确定性因素的影响，给人们有目标性的行动所带来的与预期目标相比极有可能产生的利益损失。换言之，风险实际上是各种不确定性因素导致未来发生损失的一种可能性。

　　风险一般有两大类：一类是由收益的不确定性所导致的风险，另一类是由支出的不确定性所导致的风险。在经济社会的具体表现为：经济活动的实际收益与预期收益存在差异。即在经济生活中，在预期与经济行为结果之间的偏离，造成经济行为在预期无法实现时所形成的损失与伤害。在我国，地方政府债务受各种可知和未知因素的不同程度影响，往往会造成地方政府可支配的公共财政收入不能按法律或合同的规定按期还本付息，因此，可能会产生拖欠公务员工资和养老金，甚至导致公共部门无法正常维持，使地方政府陷入巨大困境。

如果地方政府无法按期偿付债务，资不抵债，此时就会产生地方政府债务的"偿债风险"。如果地方政府因为资产流动性不足而无法偿付债务，即使其资产规模大于负债，那么也会产生地方政府债务的"流动性风险"。在我国，地方政府债务风险主要包括市场风险、规模风险、结构风险、偿还风险、财政可持续性风险等。

5.1.2　博弈论

博弈论是数学的一个分支，是一个研究经济学的方法论。1776 年，亚当·斯密在《国民财富的性质》中指出，土地是无法流动的，但资本却非常容易流动。如果政府不能有效保护产权，那么资本所有者就会将其拥有的资本流动到对其有利的地方。以此类推，居民也可以选择蒂布特"用脚投票"的方式，转移到对自己更有利的地区。推而广之，各级地方政府为了吸引投资者，彼此之间就会形成激烈的政府间竞争关系，出台各种优惠政策来吸引投资者及其资本。

我们可以运用博弈论中的"囚徒困境"来分析地方政府债务所面临的风险。暂不考虑中央政府，假定只有甲、乙两个地方政府，它们也只有两种选择：发债或不发债，并且假定地方政府追求的都是自身利益最大化，即地方政府都是"经济人"。在上述条件限定下，甲政府和乙政府面临选择时，会出现以下四种不同的组合。

第一种：甲政府发债，乙政府发债。两者的收益都一样，假定收益均为 10。

第二种：甲政府不发债，乙政府不发债。那么地方政府就无法筹集足够的资金提供公共产品和服务，因此两地居民都会选择转移到其他能够使其效益更大化的地区，即所谓的"用脚投票"，所以甲政府和乙政府都会受到损失，假定损失为 −6。

第三种：甲政府发债，乙政府不发债。此时，由于甲政府选择发债，那么甲政府将获得更多的资金从而提供更多更丰富的公共产品和服务，因而将获取更多收益，假定收益为 12。而乙政府因为选择不发债而导致无法获得足够资金，本地居民则会转移到其他更能满足他们需求的地区，假定损失为 − 15。

第四种：甲政府不发债，乙政府发债。与第三种情况类似，在这一选择下，甲政府产生的损失为 15，而乙政府的收益为 12。

上述四种情况用矩阵方式表示如表 5 − 1 所示。

表 5 − 1　　　　　　　　甲、乙政府发债与否选择矩阵

政府	发债	不发债
发债	(10, 10)	(12, − 15)
不发债	(− 15, 12)	(− 6, − 6)

很显然，甲政府和乙政府都是理性人，都可以对上述四种选择情形进行分析，很容易就会形成一种博弈，即甲政府认为：如果自己不发债，乙政府发债，自己遭受的损失为 15；如果自己不发债，乙政府也不发债，自己遭受 6 分的损失。也就是说，无论乙政府是否发债，只要甲政府自己不发债，那么甲政府都有损失，损失最多为 15 至少为 6。如果自己发债，乙政府也发债，自己获得的收益为 10；如果自己发债，乙政府却不发债，自己获得的收益为 15。也就是说，只要自己发债，而不论乙政府是否举债，甲政府都有收益，收益至少为 10 多可达 15。因此，最终不论乙政府是否发债，甲政府都会选择发债。同理，对乙政府来说亦是如此。结果就是：不管是甲政府还是乙政府，都必然会选择发债来获得最大收益，甚至会过度发债来汲取资金进而拉动本地区的经济增长。1994 年分税制改革以后，地方经济利益的分化正是这种博弈的现实结果，在我国地方政府举债过程中充斥着大量的"囚徒困境"选择，隐藏着较大的因过度举债而产生的规模风险和偿还风险。

博弈论在日常生活中也会被经常无意识地运用，如"讨价还价"属于买卖双方之间的博弈，外交是不同有利益冲突的国家之间的斡旋和博弈。所谓博弈，是在既定规则下，各参与方同时或先后、一次或多次，从各自能够进行选择的行动或战略中进行选择并加以实施，最终取得相应结果的复杂过

程。在经济学研究中，博弈论关注的是各参与方的行为或决策相互之间的反作用效果。在传统经济学中，在价格参数和收入既定的前提下，个人决策一定会最大化其个人效用，个人效用函数一般依赖于自己的选择，而与其他人的选择无关。但实际情况是，各自看似不相关的选择并非完全独立，而是相互作用相互影响；因此回到经济学研究的重点，博弈论研究的是个人效用函数与所有选择都相关的效果，其中一方的最优选择大多是其他各参与方选择的函数。综上所述，博弈论的研究重点是存在相互外部效应下各参与方的选择及对应的结果问题，最优选择取决于博弈各方参与方的互动关系。因此，在进行经济活动决策时，必须要考虑各参与方之间相互作用、相互反应、相互掣肘的关系，进一步来讨论地方政府债务问题时，也就必须考虑地方政府债务各参与方之间的博弈关系及这种博弈可能产生的后果即地方政府债务风险问题。

地方政府债务风险的参与方涉及中央政府、地方政府、银行等金融机构、融资平台公司等多个方面，各参与方的行为和决策必然存在着博弈关系。地方政府债务风险所涉及的博弈主要有央地政府间的博弈、地方政府与社会监督力量间的博弈、地方政府与相关金融机构间的博弈等。

（1）个别地方政府为了实现本地区经济社会发展，经常根据自身需求选择性接受上级政策，会充分利用"有利的"政策，而"变相"接受"不利的"政策，实现自身利益最大化。地方政府"上有政策，下有对策"，会导致债务的规模和风险超过中央政府的预期，地方政府债务的潜在风险变大（类承曜，2011）。

（2）在央地博弈逻辑与预算软约束下，地方政府不仅承担着本地区治理的政治职责，还承担着促进本地区经济健康稳定持续增长等经济职能，如果地方政府不能按期偿付债务，中央政府会对其实行事前约束与事后救助。但是，正是在这种央地博弈逻辑与预算软约束下，地方政府极易对中央政府援助这一"公共地"产生道德风险，反而会激发其扩大债务规模的动力，进一步提高了诱发系统性金融风险的概率（毛锐，2018）。

（3）地方政府与社会各方监督力量的博弈。一般情况下，与其他各类主体相比，地方政府最熟悉地方政府债务的相关信息，显然处于信息充分的一方，因此，如果债务的透明度不高，社会各方力量对地方政府债务的监督效力会大打折扣，这使地方政府通过举债实现政绩有了可乘之机。

（4）地方政府与金融机构之间的博弈。地方政府天然地拥有行政管理资源，而金融机构则需要这种行政资源的加持。在这一前提下，双方在相互博弈的过程中处于不对等的地位，地方政府的行为极大地影响着金融机构的行为；地方政府和金融机构之间的这种博弈使双方偏离了本身的角色和定位，最终可能导致地方政府债务风险演变为无法控制的系统性风险。

5.1.3　委托代理理论

由于存在信息不对称，掌握更多信息的代理人往往出于自身利益的考虑，做出不利于信息不足的委托人的行为，这是委托代理理论的核心。

（1）中央政府与地方政府之间的纵向委托代理。我国没有相关的地方政府破产机制，一般认为地方财政风险会由中央政府"兜底"。因此，地方政府通过举债来提供地方性公共物品，体现的正是中央与地方政府的纵向委托代理关系；中央政府是地方政府的委托人，地方政府是中央政府的代理人。但是，地方政府对本级财政收支状况、本地公共物品的实际需求情况及成本测算等方面很显然都比中央政府更加了解，因此，中央政府虽然拥有对地方政府的财政监督权，但缺乏充足有效的信息来考核地方政府所提出的财政支出计划的科学性。长期以来，在我国将经济快速发展作为"第一要务"的社会背景下，地方政府通过借债来扩大财政支出规模的内在冲动，增加本地区公共物品的供给。这正是地方政府债务不断膨胀的内在逻辑。

（2）辖区居民与地方政府之间的横向委托代理关系。根据经典的社会契约原则，辖区居民是地方政府的纳税主体，他们通过缴纳税金来换取地方政府提供的公共物品，这在一定程度上构成了居民与地方政府之间的横向委托代理关系。如果辖区居民不满意或不满足所属地方政府提供的公共物品，那么，他们可以选举新的政府官员，或者流动到自己满意的另一辖区。理论上，这两种"投票"机制可以对地方政府形成较强的约束，进而可以保障居民享用的公共物品的数量和质量；实践中，当然这两种"投票"机制需要相关制度的配合。但是，这两种"投票"机制并不适用我国目前的实际情况。因此，辖区居民对地方政府的软约束性产生的直接后果就是充当"代理人"的地方政府及其官员在这一关系中占据了主导地位，大量举债以发展地方经济，进一步扩大了地方政府债务规模。

5.1.4　公共选择理论

公共选择理论的基本假设是地方政府与消费者一样，同样具备"理性人"的特征，行为目的是追求自身利益最大化，甚至不惜损害公共利益。理论上，地方政府不仅代表着地方公共利益，还要追求地方政府自身利益。中央政府通过法律法规明令禁止地方政府违规发债，但地方政府依然通过各种所谓的"金融创新"方式变相举债，造成地方政府债务规模的不断扩张，风险也不断地累积，这些现象在一定程度上表明地方政府举债与地方政府的利益息息相关，地方政府大量举债，通过投资拉动经济发展的背后必然隐藏着追求自身利益最大化的目的。地方政府的效用大小以中央政府的满意度及地方政府经济控制权为衡量因素。

结合我国实际情况，发展本地区经济是地方政府最主要的任务，当然诸多因素都可以促进和带动经济的增长和发展，其中，投资是刺激经济增长的一大"法宝"，尤其是当前处于经济发展新常态，社会投资相对较弱，地方政府则成为投资主体。地方政府的债务融资为地方经济发展提供了资金保障，对地方经济的高质量发展产生了重大作用，同时，也提高了地方政府本身的效用和职能服务水平。在一定范围和条件下，地方政府效用是地方政府债务的增量函数之一，它会随着地方政府债务的规模增大而不断提升，即地方政府债务的规模越大，地方政府的效用就越大。在地方政府"经济人"的假设下，出于自身考虑，地方政府会不断扩大政府债务规模，最终形成政府债务风险。

5.1.5　不对称信息理论

由于参与市场的双方在市场中所处的地位不同，双方所掌握的信息也不一致，导致交易双方中一方掌握的信息多于或优于另一方；或者是双方无法充分了解对方，甚至无法充分了解自身情况，这就形成了信息不对称。1970年，美国经济学家斯蒂格利茨、阿克尔洛夫和斯彭斯提出了信息不对称理论。委托代理模型被引入信息经济学中，模型中，代理人为信息掌握相对多的一方，委托人是信息掌握相对少的一方。信息不对称情况的存在经常会导致代理人机会主义行为的发生，这种行为包括经典的"逆向选择"和"道德风险"。逆向选择是代理人由于信息掌握量相对多于委托人而会选择签订更有利于代理人的契约；道德风险是代理人与委托人达成一致协议后，却利用信息掌握优势或在协议无法约束时故意不按时履约或不履约的一种败德行为。

在地方政府债务举借及地方政府债券发行过程中，信息掌握量处于相对劣势的一方为地方政府债券的认购人或投资方，其对地方政府的综合财力、资产负债表、债务率、偿债率、债券的具体使用方向和投资回报率等均可能无法准确知晓，或者比地方政府了解得要少，而这些信息又是进行投资判断的重要因素，故很难及时准确判断债券风险的大小。因此，在存在信息不对称的情形下，地方政府出现违约的概率较大：第一，因为地方政府债券的使用效率可能较为低下甚至无效，无法达到资金配置的最优状态或实现资源配置效率；第二，没有相关法律法规的限制和约束；第三，因为存在"逆向选择"，具有较高风险的地方政府债券会利用较高的票面利率即投资回报率来吸引投资者，削弱了市场对那些风险较小而利率也较低的地方政府债券的投资偏好，无形中提升了整个债券市场的风险程度；第四，因为地方政府可能会临时改变债券资金的用途，而投资者却因此要承担由于信息不对称所带来的可能利益损失。总之，在信息公开披露制度不健全的经济环境下，信息不对称导致的"逆向选择"行为和"道德风险"行为是产生地方政府债务风险的重要因素。

5.1.6　金融资产价格波动理论

金融资产在市场中的不稳定状态就可能会产生风险。地方政府债券在债券市场中可能会遭遇能否发行成功、能否按时赎回、利率折价或溢价等不确定性因素，同样处于不稳定状态，于是就产生了风险。其一，债券价格与市场利率之间一般成负相关关系，债券投资的最大风险就是利率风险：当市场利率上升时，债券的投资价值相对下降而价格也随之下跌；反之，当市场利率下降时，债券的投资价值上升而价格也随之上涨。其二，如果市场利率下降，一般情况下发行人会用低利率的新发债券替换原有的高利率债券，此时，投资者就面临着赎回风险，如果地方政府想要提前偿还债务，投资者就只有以低利率债券进行再投资。其三，当物价持续上涨时，一定会稀释投资者的实际收益，投资者则面临着通货膨胀的风险，实际购买力水平必然下降。

5.2　现实形成原因

现实中，我国地方政府债务风险形成的动因有很多。在法理层面，1995年版《预算法》的制约某种程度上是产生地方政府债务风险的原因之一。在宏观层面，当前经济的下行对地方政府债务的偿还有一定的影响，极易形成并累积地方政府债务风险。但地方政府债务的产生及形成实际是所处经济发展阶段、体制转轨改革以及宏观经济背景共同作用下的必然结果。

5.2.1　经济体制转轨的不彻底

随着计划经济体制向市场经济体制的渐进式改革，放权让利成为经济运行的主要特征；从财政管理体制来看，经历了从以"统收统支"到以"分灶吃饭"等为标志的发展阶段；转轨过程中，在强烈的利益动机驱使和投资冲动下，大量的财政资金交易被地方政府投资到可能产生较高收益的领域及一些竞争性经营性的项目，而地方政府作为公共主体应该发挥作用的领域却并非投资最多的领域，但这些民生领域还必须保障，导致财政收支缺口的不断扩大，于是，地方政府在受限于 1995 年版《预算法》约束的情况下，选择通过各种途径举借债务，导致债务规模不断累积。从债务的偿还角度来分析，地方政府基于经济主体的身份不仅要承担起各类直接债务，还要承担由于转轨所支付的各类改革成本，这些债务本质上是计划经济体制下政府干预市场的成本，但地方政府作为公共主体需要承担起维护社会稳定的职能，如下岗职工基本生活保障、再就业人员技能培训及再创业税收优惠、经营性及政策性负债等地方国有企业的债务，形成历史存量债务悬而不决、新的地方政府债务有增不减的双重困境。

5.2.2　制度短缺和现实需要之间的矛盾

5.2.2.1　制度建设落后

当前，我国地方政府债务管理体系仍处于不断建设的阶段。第一，在地方政府债务管理上还缺乏科学有效的管理方法，没有专门的风险机构来独立地管理和监测地方政府债务及其风险。在判断地方政府债务风险时，并没有设定一个符合我国国情且规范权威的统计口径，这给相关部门有效判断及防控地方政府债务风险带来了较大难度。第二，2015 年版《预算法》实施之前，我国地方政府债务的偿还机制一直处于模糊不定的状态，这种偿债约束机制缺乏所导致的畸形举债观必然会增加地方政府债务规模并使债务风险发生概率变大（梁敏，2014）。第三，地方政府举债时常常缺少科学合理的规划和可行性论证，对债务规模、债务期限、资金投向及债务偿还等具体指标缺乏综合的考量和分析，往往导致债务资金没有得到科学合理的使用，项目投资效率极低，债务资金滞留，这必然影响地方政府债务能否按时足额偿还，还会让地方政府面临更大的债务风险。

5.2.2.2　监督约束机制缺位

我国地方政府债务的监督运作主要是依靠上级政府的行政命令，不同的管理部门及机构基本没有交集，处于各管一片的状态，缺乏债务监督管理上的联动机制。地方政府债务的监督主要是对债务规模、期限、利率的监督，对举债方式、资金用途、使用绩效及债务偿还的监管少之又少，很难形成地方政府债务事前、事中及事后的全方位动态监督，这便会使地方政府债务的使用及偿还过程缺乏约束，地方政府债务风险甚至危机发生的可能性也随之变大。

在信息公开方面，各级地方政府只是单纯地公布地方政府债务的总体规模，但缺乏详细信息的统计报告如使用的具体数额和方向等，难以得到有效的监管和约束。由于我国地方政府债务相关信息的披露不彻底、不透明，使得同级人大、社会民众及舆论无法真切地了解到我国地方政府债务各方面的实际情况，这就相当于给各级地方政府违规变相举债提供了"暗箱"操作的可能，严重弱化了地方政府的债务风险防控意识。

5.2.2.3　问责机制的缺失

规范政府行为的最后一道保障可以说就是问责机制，对地方政府债务管理来说也是一样适用。地方政府债务问责机制有利于增强地方政府债务的规划和按时履行偿债责任的意识，有利于规范地方政府的举债行为，也有利于规避地方政府债务风险。当前，对政府官员的问责更多涉及经济发展、社会治安、环境保护等有关领域，如果对地方政府官员进行切实的债务问责，必然会增大违规举债的成本，在一定程度上抑制了地方政府的投资冲动。毫无疑问，债务问责机制是有效控制地方政府债务扩张的一种事后约束机制。为建立健全地方政府债务风险应急处置工作机制，牢牢守住不发生区域性系统性风险的底线，切实防范和化解财政金融风险，维护经济安全和社会稳定，国务院办公厅于 2016 年 10 月 27 日发布《地方政府性债务风险应急处置预案》，逐步建立债务问责机制，开始披露地方政府违法违规举债行为，并对相关人员进行问责，问责内容主要是地方政府的违规承诺，主要包括地方政府违规出具承诺函、承诺用财政资金偿还和回购等。对 2016 年以来财政部及审计署披露的地方政府违法违规举债的事件进行梳理后发现，我国地方政府债务问责的案例数量不多，惩罚力度不大，仍须完善我国违法违规债务问责制度，发挥其对地方政府债务风险的遏制作用。

5.2.3 国内经济"三期叠加"的严峻挑战

当前，中国经济正处于"三期叠加"阶段；所谓"三期叠加"即经济增速的换挡期、结构调整的阵痛期与前期刺激性政策的消化期这三个特殊时期在同一时间重合出现，并产生了叠加效应（安宇宏，2015）。主要表现为：经济增长从高速增长逐步向中高速增长的转变，这是更加全面、协调和可持续的健康增长；产业结构调整从以制造业为主向以第三产业为主的转变；发展理念从片面追求经济速度向人本理念转变。国内的整体经济增速由之前的高速增长转为中高速增长，经济结构调整也迫在眉睫。从图 5 - 1 可以看出，

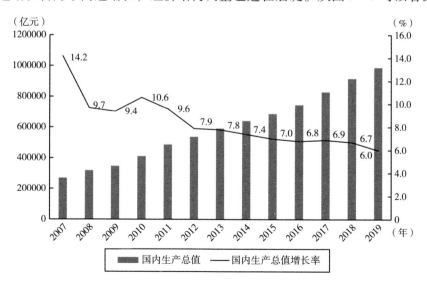

图 5 - 1 2007 ~ 2019 年我国 GDP 总额及增长速度

资料来源：《中国统计年鉴》（2008 ~ 2020 年）。

自 2010 年起，我国 GDP 总额仍呈上升趋势，但增长速度逐年放缓，连续 7 年增速在 8% 以下。经济的发展平缓导致的结果之一就是地方政府偿债能力的弱化和违约风险的加大。

5.2.4 经济危机调整期的影响

从 20 世纪 80 年代的拉美国家债务危机，到 20 世纪 90 年代的东南亚国家金融危机，再到始于希腊的欧债危机，这些触目惊心的现实案例都见证了政府债务规模和债务风险管理策略对经济社会和金融体系的冲击，也充分说明了合理的政府债务规模及风险管理、稳定的金融市场及汇率对经济快速复苏的重要支撑性。这些现实案例也使我们更加重视研究经济泡沫、银行业的流动性风险与政府债务危机之间的内在逻辑关系；一定要基于科学的、动态的、长期的视角来权衡并审慎制定宏观经济政策，在宽松的货币政策下，一般会通过大量的财政赤字来解决流动性风险，这种情况下，为了缓解或治疗泡沫破裂一定要避免产生新的风险，应该运用宽松的货币政策在有效刺激经济增长、防控地方政府债务风险以及控制通货膨胀这三者之间寻求一个最优平衡点，以免成为未来的风险隐患（安国俊，2011）。

在我国地方政府债务的发展过程中也曾遭遇过重大金融危机：如 1997 年的亚洲金融危机和 2008 年的全球金融危机，中央政府面对重大危机，果断转型财政政策，如 1997 年的国债转贷措施。在此大环境下，为满足地方政府的融资需求，经国务院特别批准，2009 年，省级地方政府和计划单列市的地方政府债券由财政部代发代偿。

就在同一时期，各级地方政府为了满足自身的融资要求，开始效仿 20 世纪 90 年代国家开发银行设立融资平台的做法，于是，具有政府性质的融资平台公司大量出现，融资平台贷款规模急速飙升。这些融资平台公司或者向金融机构借款，或者向社会发行企业债券或项目债券，或者通过信托等方式融资。中央政府及时关注到融资平台债务的高风险，开始密集出台法规重拳对其进行清理和规范。2010 年 6 月 10 日，国务院印发《国务院关于加强地方政府融资平台公司管理有关问题的通知》，确立了分类管理和区别对待的原则；2010 年 7 月 30 日，财政部、国家发改委、中国人民银行、中国银行业监督管理委员会联合发布《关于贯彻国务院关于加强地方政府融资平台公司管理有关问题的通知相关事项的通知》；2010 年 9 月 2 日，财政部发布《关于规范地方各级政府部门举债和担保承诺行为的通知》；2010 年 11 月 20 日，国家发改委发布《关于进一步规范地方政府投融资平台公司发行债券行为有关问题的通知》；2011 年 3 月 31 日，银监会发布《中国银监会关于切实做好 2011 年地方政府融资平台贷款风险监管工作的通知》；2017 年 4 月 26 日，财政部、发展改革委、司法部、人民银行、银监会、证监会联合发布《关于进一步规范地方政府举债融资行为的通知》；2017 年 5 月财政部印发《关于坚决制止地方以政府购买服务名义违法违规融资的通知》等；此外，在 2018 年 3 月 9 日国家发展改革委印发的《国家发展改革委关于实施 2018 年推进新型城镇化建设重点任务的通知》、2018 年 3 月 28 日财政部印发的《关于规范金融企业对地方政府和国有企业投融资行为有关问题的通知》、2019 年 3 月 7 日财政部印发的《财政部关于推进政府和社会资本合作规范发展的实施意见》、2022 年 9 月 9 日财政部印发的《财政部关于印发〈支持贵州加快提升财政治理能力奋力闯出高质量发展新路的实施方案〉的通知》等也提及融资平台公司的市场化转型、规范举债等。

第 6 章

健全地方政府债务风险预警体系

地方政府债务风险预警系统构建的核心是预警指标体系的建立，这直接决定了预警结果的科学性与准确性，如果预警指标体系不合理不科学，那么，无论采用何种预警方法都很难实现科学性与准确性。

自 2011 年我国允许部分地方政府试点发行地方政府债券，直到 2015 年版《预算法》赋予了省级政府发债权以来，地方政府债券已经成为地方政府筹集资金的重要形式，尤其是 2015 年以来，地方政府债券已经成为地方政府举债的唯一合法途径。但是，由于 2015 年版《预算法》修订前我国存在大量的地方政府性债务，虽然 2015 年之后连续三年发行置换债券已经置换了不规范时期的债务，但新阶段又出现了新情况、新问题，当前的隐性债务又大量存在，是摆在我们面前的一道难题，并且面临着诸多债务风险隐患①。因此有必要建立地方政府债务风险预警体系，全面监控地方政府的各项经济指标和债务指标，通过各类指标值的动态变化及时应对各种风险状况，从而避免爆发系统性的债务风险及危机。

本书理解的地方政府债务风险预警体系是在对地方政府债务风险定性认识的基础上，利用各种现代化数学计量工具和统计技术手段，搜集与地方政

---

① 由于我国地方债自主发行起步较晚，目前地方政府债券发行风险与地方政府债务风险尚不可分割，因此，本章在对地方政府自主发债风险预警体系进行构建时结合了地方政府的相关债务指标，以使预警体系更加符合我国当前实际情况。

府债务相关的各类经济数据，来构建判断地方政府债务风险的指标体系，并通过对数据的整理分析和实证处理，试图建立地方政府债务风险预警模型，评估地方政府债务风险区间，为科学化解债务风险提供客观依据。

6.1　地方政府债务风险预警体系的构建思路

在设计风险预警体系时，需要考虑地方政府债务的余额、新增规模、债务依存度、债务率、偿债率等常规指标，也要考虑一些容易产生隐性债务的投资指标。

6.1.1　构建目标

6.1.1.1　风险识别

构建地方政府债务风险预警体系的核心目标是通过对债务规模、债务需求、负债率、债务率、综合财力、可支配财力、偿债率等指标的动态监控，具体分析债务的变动情况，判断债务风险的性质特征和产生原因，评估出地方政府债务所处的风险区间，最终实现对债务风险及时并准确的识别（陈冰洁，2016）。

6.1.1.2　风险预测

通过构建地方政府债务风险预警的指标体系并选取科学的预警方法，预测地方政府实际所能承受的债务规模和债务风险可能发生的概率，并预测债务风险的发展趋势，最重要的是及时防范、控制及化解债务风险，避免风险进一步蔓延和扩散。

6.1.1.3　风险化解

密切关注预警指标与警戒线，准确判读和评估风险，及时发出风险预警信号，指导地方政府根据处于不同环节、不同类型及不同程度的风险等级来制定应对政策，助力地方政府及时顺利化解债务风险，重返安全区间。

6.1.2 构建原则

6.1.2.1 全面性与代表性相结合

地方政府债务所面临的各种风险是由多方面因素造成的，因而预警指标的选取应该能够全面反映地方政府债务所面临的各种情况，从不同角度出发囊括影响债务风险的各类因素，既要包括静态性指标也要有动态性指标。虽然指标越多越好，但是在实际运用时不可能面面俱到，而且各个地方政府的具体情况也有所不同，因而在构建风险预警指标体系时还应该从地方政府的实际出发，选取那些具有一定代表性并且切实可行的预警指标，以免指标之间意义太过相近甚至是重复。

6.1.2.2 科学性与可操作性相结合

一方面，构建预警体系必须以科学的经济理论和预警方法作为指导，并尽可能地与国际接轨从而体现出规范性和科学性；另一方面，由于与我国地方政府债务相关的信息披露工作不完善，很多数据不可得，因而在构建预警体系时还要注意其实用性，尤其是在选取预警指标时，只有在指标具有实际经济意义并且数据可得又精确合理的情况下，才能准确判断出债务风险的具体情况，进而给出具体的指导方案。

6.1.2.3 动态性与灵敏性相结合

地方政府通过举债筹集建设资金时，有很多负债是地方政府理应承担的，但是随着经济社会的不断发展和进步，有部分成本是可以被逐渐稀释和消化的，与此同时又会产生另一部分新增债务，此消彼长、不断更新的地方政府债务要求预警体系也能够随之保持一定的动态性。另外，预警体系还要求有足够的灵敏性，即当地方政府债务发生变化时，预警指标必须能及时、迅速而又显著地随之发生变化，同时能对风险变化做出准确判断和识别。

6.1.2.4　独立性与互补性相结合

该构建原则即各项预警指标必须保证在相互独立的情况下相互联系、互为补充，从而能够全面而又准确地描述和反映出地方政府各项债务风险的具体变动情况并做出合理评价。

6.1.3　构建流程

地方政府债务风险预警体系包括风险识别、风险判断、风险评估等阶段。其中，风险识别阶段主要是对地方政府债务的定性认识，通过全面分析债务风险以确定其基本性质和特征，并找出债务风险的相关影响因素，为下一阶段的定量分析打好基础。风险评估阶段是在风险识别的基础上，通过对之前所搜集到的数据进行定量分析，在上述原则的指导下，筛选出一定数量的预警指标并采用科学合理的预警方法处理，对可能发生的风险概率以及风险发生后可能产生的损失程度做出理性判断和合理估计。风险判断阶段是在制定出债务风险判断标准的基础上，通过对债务风险的定量分析得出当前风险状况与风险警戒线的差距，并由此判断具体的风险等级，当地方政府的债务风险接近或处于危险区间时及时发出预警信号，从而帮助地方政府顺利化解危机。具体流程见图 6-1。

由图 6-1 可知，风险预警结果包括无风险、轻度风险、中度风险和高度风险四种结果。其中，当地方政府债务风险处于无风险即安全区域时，地方政府只需要加强预防、常规监控即可；处于轻度风险区间时，地方政府需要依据预警体系做出局部调整，同时也要继续对风险进行常规监控；处于中度风险区间时，地方政府必须针对风险做出相应处理，减少新增债券规模，以及时化解风险，同时要加强对风险的动态监控；而当债务风险处于高度风险区间时，地方政府必须进入高度警戒状态，在采取危机处理方法的同时严

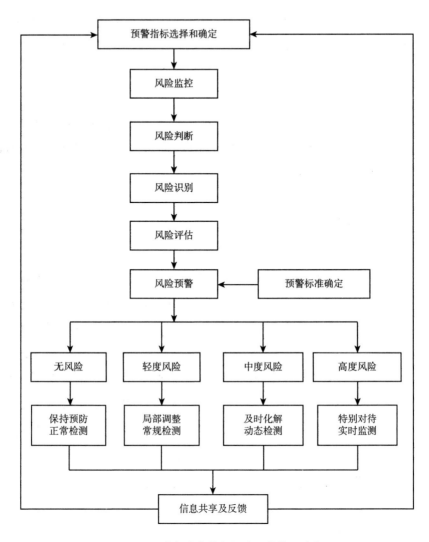

图 6 - 1　地方政府债务风险预警体系流程

格把控地方政府债务的发行规模，并积极寻找科学有效的办法以使地方政府债务水平重新回归安全区域，同时继续保持对债务风险的实时动态监控。

总而言之，在整个地方政府债务风险预警体系中，预警指标是重要衡量标准，预警方法是整个系统的重要支撑。必须优先选择科学、全面的预警指标，再选择适合我国国情的预警方法，才能使整个预警体系对债务风险做出正确判断并及时发出预警信号。

6.1.4　组织体系

由于预警工作的每个步骤、每个方面都必须由各部门相互协调完成，因而要顺利推行地方政府债务风险预警体系势必需要一个组织体系来负责对其实施组织和管理，借鉴国际经验，地方政府债务风险预警体系主要有三种组织模式。

（1）纵向方式。所谓纵向方式，是指整个风险预警体系的组织系统按照上对下或者下对上的形式展开工作。风险预警的各个步骤统一在一个垂直的系统中，依次进行。虽然这种组织模式比较简单有效，但是由于这种方式一次只能对应一个信号，无法同时监控多个目标对象，在实践中无法应对复杂多变的环境，从而也就无法全面及时有效地传递风险信号。

（2）横向方式。所谓横向方式，是指整个风险预警体系的组织系统以水平方向展开工作，能同时监控多个目标对象，及时有效地传递风险信息，但是因为这种组织方式涉及多个部门，在实践中往往难以协调一致，因此这种组织方式很少被采用。

（3）交叉方式。所谓交叉方式，是纵向方式与横向方式的结合，即风险预警体系的整个组织系统既有横向的发散式监控系统，又有简单直接的纵向监控系统。这种组织模式融合了横向、纵向两种组织体系的优点，既能够及时有效地处理和应对各种地方政府债务风险，又能够保障风险监测的全面性，因而采取交叉形式的组织体系能更好地应对复杂多变的实际环境。

6.2　地方政府债务风险预警方法

6.2.1　模糊评价法

模糊评价法是在接受和承认模糊事实的前提下，运用模糊数学中的隶属度理论，把对研究对象的认识从定性转换为定量的一种综合评价方法。具体来说，由于大部分研究对象都会同时受到多种因素的影响，而其中很多因素往往只有简单的定性认识，得出的结论也往往不够精确。基于此，模糊评价法通过对模糊数学中相关理论的科学运用，融合定性思维与定量思维，对研究对象进行综合评价，并以模糊集合的形式将评价结果表现出来。这种预警方法具有很强的逻辑性，而且模型比较简单明晰易于掌握，能够很好地处理研究对象中的不确定性问题。

此外，综合运用层次分析法与逐级多次模糊评价法，能更好地处理比较复杂的经济问题。该方法主要是通过对危险指标的多次修正使地方政府债务风险最终处于安全区域。其中，层次分析法主要是用来确定预警指标的具体权重。逐级多次模糊评价法具体步骤包括：第一，建立指标因素集；第二，建立风险等级的评语集；第三，对指标做模糊评价；第四，确定指标的权重集；第五，对债务风险做模糊综合评价；第六，在第一次模糊评价的基础再进行逐级多次的模糊评价。

6.2.2　人工神经网络预警法

所谓人工神经网络是通过对人类大脑神经系统的抽象模拟所形成的一种用来处理信息的数学运算模型，由大量的神经节点构成。由于人工神经网络与人类大脑神经的结构、主要特征和功能具有相似性，因而具有很好的自我学习能力和适应功能。而人工神经网络预警法就是在这样一个人工神经网络的构架下，通过大量的事前练习，使预警体系能够逐渐形成自我学习和预测的功能，最终完成风险预警的任务。主要有两种方法：第一，在由专家根据一定标准确定的风险警戒线的前提下，通过人工神经网络预测风险程度并确定风险等级；第二，在预警体系中增加独立的报警模块，经过一定处理后直接给出预警结果。因为人工神经网络预警法具有独特的自我学习能力，计算量小且容易使用，另外还具有一定的容错能力，因而在实践中能够很好地应对复杂的经济环境问题，得以广泛运用。

6.2.3　多变量判别分析法

由于影响地方政府债务风险的因素有很多，因而存在大量的经济指标，虽然说指标越多，结果越精确，但是过于庞大的指标数目会使得预警工作变得复杂且低效。而多变量判别分析法正是通过对原始经济指标的筛选，择出数量相对较少但能够尽可能多地反映原始经济信息的主要变量，并在与初始样本构建函数关系的基础上形成一个特殊的预警模型。这种方法中判别函数的一般形式为：

$$Y = \partial_1 X_1 + \partial_2 X_2 + \partial_3 X_3 + \cdots + \partial_n X_n \qquad (6-1)$$

其中，Y 为判别分值，X_1，X_2，X_3，$\cdots$，X_n 为各个预警指标值，∂_1，∂_2，∂_3，$\cdots$，∂_n 为各个预警指标的判别系数。

在实践中，可以将样本数据的观测值代入该预警模型中得出对样本状况的基本判断，再结合临界值做出预警判断。

6.2.4　ARCH 模型预警法

ARCH 模型即自回归条件异方差模型，最早由恩格尔在 1982 年提出，其主要思想是随机扰动项 u_t 的条件方差依赖于它的前期扰动项 u_{t-1} 的大小，也就是说对于变量的预测误差是随时间变化而变化的，并且依赖于前期误差的大小。而 ARCH 模型预警法就是对 ARCH 模型在地方政府自主发债风险预警体系中的具体运用，即在自回归条件异方差特有性质的基础上，制定出指标警戒线，并通过构建具体的预警模型，给出更加接近现实的预警结果，从而能更加切实有效地反映实际经济状况。这种预警方法最大的特点就是能够准确预测经济波动的误差，并制定出更加合理的指标警戒线，对于处理非线性问题有很大的帮助。

6.2.5　因子分析法

作为主成分分析法的推广，因子分析法最早由查尔斯·斯皮尔曼提出，实质上就是运用若干潜在的但不能被观察的随机变量（即因子）去描述多个变量之间的相关关系或者协方差关系，而这些随机变量之间却是互不相关的。[①] 简而言之，因子分析法就是在尽可能多地反映原始信息的前提下，将多个变量提炼为少数几个互不相关的因子。由于在实际操作中，因子分析法可以采用一些计量分析软件来运算，如 SPSS、EVIEWS 等，能省去大量人工计算的麻烦，因而被广泛使用。将因子分析法运用到地方政府自主发债风险预警体系中，就是通过对预警指标的筛选构建出科学合理的指标体系，在避免指标不全或者信息重复等现象的前提下给出整体指标体系的综合评价。基于因子分析法的特点和优点，本章拟采用因子分析法作为主要分析方法。

6.3　基于因子分析法的地方政府债务风险预警

6.3.1　选取指标

从大的方面考虑，地方政府债务的收支状况、地方政府债务的规模与管理情况、地方宏观经济的运行状况等是导致地方政府债务风险的主要因素。基于此分析，在选取风险预警指标时，本章主要考虑上述几个方面，筛选出有代表性的典型指标，从而能够全面、多角度地反映地方政府债务风险状况。

6.3.1.1　规模类指标

（1）债务余额增长率，债务增长额占上期债务余额的比重，这一指标可

[①]　高铁梅：《计量经济分析方法与建模——EViews 应用及实例》，清华大学出版社 2015 年版。

以表明债务的增长速度。

（2）负担率，债务余额占当年 GDP 的比重，这个指标是用来衡量经济增长对地方政府债务的依赖程度。

（3）居民存款应债率，债务余额占居民存款余额的比重，这一指标可以表明居民的债券购买能力或应债能力。

（4）偿债率，当年还本付息额占当年地方政府综合财力的比重，这一指标可以表明地方政府的偿还能力，也在一定程度上体现了债务风险。

（5）债务率，地方政府年末债务余额占当年地方政府综合财力的比重，这一指标可以表明地方政府债务规模的大小。

（6）债务依存度，当年新增债务额占当年地方政府财政支出的比重，这一指标可以衡量地方政府债务的适度规模。

6.3.1.2　结构类指标

（1）或有债务率，或有债务余额占债务总余额的比重。

（2）逾期债务率，逾期债务余额占当年到期债务余额的比重。这是一个反向指标，指标值越大，那么逾期债务越多，债务风险就越大。

6.3.1.3　收支类指标

（1）地方财政收入占地方政府 GDP 的比重，这个指标能够反映地方政府的经济实力。如果指标值过低，说明地方政府的宏观调控能力还有提升的空间；如果指标值过高，在一定程度上则会抑制地方经济的活跃度。

（2）地方税收收入占地方财政收入的比重，财政收入主要由税收收入组成，可以反映财政收入的稳定程度。

（3）地方财政支出占地方政府 GDP 的比重，这个指标说明了地方政府所能够集中和支配的地方财政支出。

6.3.1.4　赤字类指标

赤字类指标包括赤字率（地方政府赤字/GDP）、赤字依存度、赤字债务率等指标。

6.3.1.5　宏观经济类指标

宏观经济类指标包括 GDP 增长率、失业率、通货膨胀率等指标。

根据前述选取指标的原则，地方政府债务风险指标见表 6-1。

表 6-1　　　　　　　　　地方政府债务风险的具体指标

债务类指标	债务余额增长率（X1）、债务负担率（X2）、居民存款应债率（X3）、债务依存度（X4）、或有债务比例（X5）、偿债率（X6）、逾期债务率（X7）
收支类指标	收入 GDP 比（X8）、税收收入占财政收入比（X9）、支出 GDP 比（X10）、财政赤字率（X11）、赤字依存度（X12）、赤字债务率（X13）
宏观经济类指标	GDP 增长率（X14）、失业率（X15）、通货膨胀率（X16）

6.3.2　选取样本数据

目前，我国地方政府债务的有关数据更新速度比较慢，因此，从研究的角度出发，考虑到债务数据的真实性、后续研究的准确性及本书的逻辑完整性，选取了审计署公布的 2013 年数据，这组数据的公开性非常好，接受度也较高。

由于各种历史和现实的原因，我国的经济发展水平在区域间的均衡性较差，因此产生和得到的数据差异也很不均衡，所以，如果我们把全国所有省份的数据都纳入同一个模型来进行实证分析，得到的结果其实没有足够的意义，因为可能和实际情况的差距太显著，考虑到这种情况，根据经济发展水平与地理位置相结合的传统划分区域，在本章中把样本省份划分为东、中、西三部分。

东部发达省份样本原始数据见表 6-2。

表 6 - 2　　　　　　　　　　　　　　东部区域原始数据

指标	北京	天津	河北	辽宁	上海	江苏	浙江	福建	山东	广东	海南
X1	0.322	0.090	0.180	0.162	0.160	0.178	0.138	0.282	0.225	0.129	0.186
X2	0.389	0.374	0.257	0.279	0.409	0.238	0.170	0.181	0.128	0.167	0.431
X3	0.322	0.685	0.331	0.391	0.424	0.428	0.224	0.340	0.243	0.210	0.567
X4	0.472	0.186	0.257	0.213	0.273	0.278	0.173	0.302	0.199	0.148	0.212
X5	0.143	0.532	0.465	0.259	0.373	0.493	0.269	0.364	0.379	0.314	0.255
X6	0.001	0.000	0.005	0.008	0.002	0.001	0.001	0.003	0.006	0.016	0.011
X7	0.003	0.000	0.026	0.026	0.056	0.014	0.002	0.009	0.028	0.019	0.002
X8	0.185	0.137	0.078	0.125	0.186	0.108	0.099	0.090	0.081	0.109	0.143
X9	0.848	0.516	0.383	0.508	0.819	0.681	0.776	0.552	0.517	0.687	0.385
X10	0.206	0.166	0.154	0.184	0.207	0.130	0.120	0.132	0.188	0.130	0.319
X11	0.021	0.030	0.075	0.059	0.022	0.027	0.021	0.042	0.037	0.020	0.176
X12	0.101	0.179	0.489	0.319	0.105	0.166	0.173	0.319	0.313	0.157	0.551
X13	0.053	0.079	0.292	0.209	0.053	0.091	0.122	0.233	0.289	0.121	0.408
X14	0.100	0.140	0.084	0.118	0.051	0.101	0.073	0.122	0.103	0.073	0.132
X15	0.013	0.036	0.037	0.036	0.031	0.031	0.030	0.036	0.330	0.025	0.020
X16	0.033	0.027	0.026	0.028	0.028	0.026	0.022	0.024	0.021	0.028	0.032

中部区域原始数据见表 6 - 3。

表 6 - 3　　　　　　　　　　　　　　中部区域原始数据

指标	山西	内蒙古	吉林	黑龙江	安徽	江西	河南	湖北	湖南
X1	0.198	0.229	0.136	0.199	0.327	0.239	0.260	0.238	0.221
X2	0.293	0.257	0.338	0.238	0.261	0.274	0.161	0.293	0.315
X3	0.295	0.618	0.586	0.352	0.402	0.419	0.272	0.486	0.555
X4	0.212	0.222	0.195	0.171	0.279	0.227	0.196	0.333	0.306
X5	0.625	0.247	0.361	0.438	0.423	0.373	0.370	0.346	0.547
X6	0.003	0.090	0.053	0.005	0.009	0.009	0.021	0.007	0.007
X7	0.019	0.037	0.018	0.024	0.024	0.016	0.034	0.019	0.041
X8	0.125	0.098	0.087	0.085	0.104	0.106	0.069	0.082	0.080

续表

指标	山西	内蒙古	吉林	黑龙江	安徽	江西	河南	湖北	湖南
X9	0.379	0.327	0.308	0.264	0.330	0.324	0.294	0.352	0.270
X10	0.228	0.216	0.207	0.232	0.230	0.233	0.169	0.169	0.186
X11	0.103	0.118	0.120	0.147	0.126	0.127	0.100	0.087	0.106
X12	0.451	0.547	0.579	0.633	0.547	0.547	0.593	0.515	0.567
X13	0.351	0.459	0.355	0.615	0.483	0.464	0.624	0.297	0.335
X14	0.078	0.106	0.130	0.088	0.125	0.107	0.099	0.133	0.126
X15	0.033	0.037	0.037	0.042	0.037	0.030	0.031	0.038	0.042
X16	0.025	0.031	0.025	0.032	0.022	0.028	0.025	0.029	0.020

西部区域原始数据见表 6 – 4。

表 6 – 4　　　　　　　　　　西部区域原始数据

指标	广西	重庆	四川	贵州	云南	陕西	甘肃	青海	宁夏	新疆	西藏
X1	0.155	0.110	0.224	0.252	0.228	0.234	0.292	0.388	0.118	0.313	0.163
X2	0.332	0.587	0.335	0.923	0.518	0.378	0.436	0.497	0.309	0.316	0.325
X3	0.548	0.801	0.412	1.315	0.689	0.507	0.488	0.738	0.431	0.450	0.531
X4	0.195	0.216	0.269	0.462	0.277	0.311	0.270	0.227	0.089	0.208	0.206
X5	0.522	0.508	0.309	0.269	0.344	0.560	0.617	0.258	0.380	0.395	0.517
X6	0.014	0.003	0.017	0.014	0.030	0.007	0.022	0.159	0.104	0.014	0.002
X7	0.043	0.025	0.032	0.023	0.041	0.037	0.030	0.008	0.024	0.026	0.031
X8	0.090	0.149	0.101	0.148	0.130	0.111	0.092	0.098	0.113	0.121	0.101
X9	0.255	0.319	0.335	0.247	0.300	0.340	0.170	0.127	0.240	0.260	0.315
X10	0.229	0.267	0.228	0.402	0.347	0.230	0.365	0.612	0.369	0.362	0.246
X11	0.140	0.180	0.127	0.254	0.218	0.119	0.272	0.514	0.256	0.241	0.138
X12	0.609	0.441	0.556	0.632	0.625	0.518	0.747	0.839	0.695	0.666	0.502
X13	0.420	0.201	0.379	0.276	0.419	0.316	0.625	1.034	0.830	0.763	0.337
X14	0.122	0.140	0.135	0.202	0.159	0.155	0.126	0.134	0.114	0.135	0.130
X15	0.034	0.033	0.040	0.033	0.040	0.032	0.027	0.034	0.042	0.034	0.035
X16	0.032	0.026	0.025	0.027	0.027	0.028	0.027	0.031	0.020	0.038	0.310

6.3.3　预警指标的聚类分析

因子分析模型在数据较多时结果容易出现较大偏差，因此，一般在采用因子分析法之前，要先对风险预警指标进行聚类分析，从而可以得到具有代表性的数据，做出更好的因子分析。

（1）采用系统分类法，对指标进行多次的方差检验，最终得出聚类数为5，采用 Wald 方法，度量区间选择的是 Euclidean 距离，输出结果见表6－5。

表 6－5　　　　　　　　　　Euclidean 距离聚类结果（一）

案例	5 群集
X1 债务余额增长率	1
X2 债务负担率	2
X3 居民存款应债率	2
X4 债务依存度	1
X5 或有债务比例	2
X6 偿债率	3
X7 逾期债务率	3
X8 收入 GDP 比	1
X9 税收收入占财政收入比	4
X10 支出 GDP 比	1
X11 财政赤字率	3
X12 赤字依存度	5
X13 赤字债务率	5
X14GDP 增长率	1
X15 失业率	3
X16 通货膨胀率	3

（2）继续采用系统分类法，将度量区间换作 Pearson 相关性，输出结果见表6－6。

表 6 - 6　　　　　　　　　　Pearson 相关性聚类结果（一）

案例	5 群集
X1 债务余额增长率	1
X2 债务负担率	2
X3 居民存款应债率	3
X4 债务依存度	1
X5 或有债务比例	4
X6 偿债率	5
X7 逾期债务率	4
X8 收入 GDP 比	2
X9 税收收入占财政收入比	1
X10 支出 GDP 比	2
X11 财政赤字率	5
X12 赤字依存度	5
X13 赤字债务率	5
X14GDP 增长率	3
X15 失业率	4
X16 通货膨胀率	2

对比两种输出结果，剔除掉 X4 债务依存度、X8 收入 GDP 比、X16 通货膨胀率、X13 赤字债务率。

（3）将余下的指标重复上述聚类过程，得到唯一分类指标，聚类结果见表 6 - 7、表 6 - 8。

表 6 - 7　　　　　　　　　　Euclidean 距离聚类结果（二）

案例	5 群集
X1 债务余额增长率	1
X3 居民存款应债率	2
X5 或有债务比例	2
X6 偿债率	3
X9 税收收入占财政收入比	4
X10 支出 GDP 比	1

案例	5 群集
X12 赤字依存度	5
X14GDP 增长率	3
X15 失业率	3

表 6 – 8　　　　　　Pearson 相关性聚类结果 （二）

案例	5 群集
X1 债务余额增长率	1
X3 居民存款应债率	2
X5 或有债务比例	3
X6 偿债率	4
X9 税收收入占财政收入比	1
X10 支出 GDP 比	4
X12 赤字依存度	4
X14GDP 增长率	2
X15 失业率	5

由以上分析可以得出，指标之间不存在合并关系，因此本章选择上述 9 个指标来进行因子分析。

6.3.4　因子分析

运用 SPSS23 做因子分析，指标即为上面提到的 9 个不可合并的指标，输出结果见表 6 – 9。

表 6 – 9　　　　　　　　　　总方差解释

成分	初始特征值			提取载荷平方和			旋转载荷平方和		
	总计	方差百分比	累积%	总计	方差百分比	累积%	总计	方差百分比	累积%
X1	2.979	33.098	33.098	2.979	33.098	33.098	2.773	30.808	30.808
X3	1.938	21.533	54.631	1.938	21.533	54.631	1.813	20.147	50.955

续表

成分	初始特征值			提取载荷平方和			旋转载荷平方和		
	总计	方差 百分比	累积%	总计	方差 百分比	累积%	总计	方差 百分比	累积%
X5	1.473	16.362	70.993	1.473	16.362	70.993	1.659	18.431	69.386
X6	1.225	13.606	84.599	1.225	13.606	84.599	1.369	15.213	84.599
X9	0.686	7.617	92.216						
X10	0.470	5.225	97.441						
X12	0.214	2.380	99.821						
X14	0.015	0.164	99.985						
X15	0.001	0.015	100.000						

从表6-9中得知，前面四个因子的特征值均大于1，而且累计贡献率大于80%，因此可以认为这四个因子足以解释所有的指标信息。前面四个因子的成分矩阵见表6-10。

表6-10 成分矩阵[a]

指标	成分			
	1	2	3	4
X9 税收收入占财政收入比	-0.915	—	0.333	—
X12 赤字依存度	0.830	0.307	-0.227	—
X14GDP 增长率	0.746	—	0.311	0.298
X3 居民存款应债率	0.624	-0.539	0.512	-0.100
X10 支出 GDP 比	0.587	0.424	0.440	-0.160
X5 或有债务比例	0.225	-0.819	-0.387	0.200
X1 债务余额增长率	-0.130	0.611	0.361	0.585
X15 失业率	—	0.225	-0.529	0.627
X6 偿债率	0.292	0.519	-0.446	-0.564

注：提取方法：主成分分析法。
a. 提取了4个成分。

这四个因子的成分矩阵表能够表明，各个因子对应的指标载荷系数之间差别不显著，特别是第三个因子，由于没有一个指标载荷系数大的足够可以解释第三个因子，因此，我们转而使用 SPSS 软件来对这些成分因子进行旋转成分，采取的是经典的最大方差法。输出结果见表 6-11。

表6-11　　　　　　　　　　　旋转后的成分矩阵

指标	成分			
	1	2	3	4
X14 GDP 增长率	0.853	—	− 0.146	—
X9 税收收入占财政收入比	− 0.770	0.300	− 0.423	− 0.303
X3 居民存款应债率	0.746	− 0.283	− 0.266	− 0.495
X12 赤字依存度	0.688		0.541	0.263
X10 支出 GDP 比	0.617	0.468	0.281	− 0.253
X5 或有债务比例	0.187	− 0.877	− 0.265	0.191
X1 债务余额增长率	—	0.807	− 0.279	0.362
X6 偿债率			0.932	—
X15 失业率			—	0.854

注：提取方法：主成分分析法。旋转方法：凯撒正态化最大方差法。

表6-11 即旋转之后的成分矩阵表表明，对于公共因子1来说，X9、X10、X12、X14 这四个指标的载荷系数较高，因为它们都涉及地方政府收支，故可称之为地方政府收支风险。对于公共因子2来说，X1、X5 这两个指标的载荷系数较高，且均与债务结构相关，故可称之为债务结构风险。对于公共因子3来说，X3、X6 这两个指标的载荷系数较高，且均与偿债能力相关，故可称之为偿债能力风险。对于公共因子4来说，X15 的载荷系数最高，这是宏观经济类指标，故可称之为宏观经济风险。

把总方差表拿出来，分析这四个因子对总体风险的影响程度即贡献率，由高到低排列分别为财政收支风险占 30.808%，债务结构风险占 20.147%，偿债能力风险占 18.431%，宏观经济风险占 15.213%。在 SPSS 软件运行中，输出因子的得分系数见表 6-12。

表 6 – 12　　　　　　　　　　　　成分得分系数矩阵

指标	成分			
	1	2	3	4
X1 债务余额增长率	0.108	0.472	– 0.275	0.283
X3 居民存款应债率	0.298	– 0.091	– 0.198	– 0.335
X5 或有债务比例	0.052	– 0.470	– 0.155	0.180
X6 偿债率	– 0.108	– 0.027	0.605	– 0.083
X9 税收收入占财政收入比	– 0.232	0.156	– 0.178	– 0.198
X10 支出 GDP 比	0.231	0.287	0.103	– 0.216
X12 赤字依存度	0.205	0.009	0.248	0.152
X14GDP 增长率	0.348	0.073	– 0.200	0.051
X15 失业率	0.021	– 0.014	– 0.064	0.633

注：提取方法：主成分分析法。旋转方法：凯撒正态化最大方差法。组件得分。

通过 SPSS 软件，输出的因子得分及因子综合得分见表 6 – 13，F 需要以前述各公共因子的贡献率作为权重来计算，算出 F 后，因子得分汇总见表 6 – 13。

$$F = 30.808\% F1 + 20.147\% F2 + 18.431\% F3 + 15.213\% F4$$

表 6 – 13　　　　　　　　　　　　因子得分汇总

F1	F2	F3	F4	F
– 0.34821	2.2148	– 1.11194	– 0.42285	0.069674
1.14043	– 1.60678	– 1.18908	– 0.75348	– 0.30615
0.27115	– 0.82701	0.65294	0.67051	0.139264
0.35494	0.17069	0.67237	– 0.28775	0.223887
– 0.88315	– 0.07071	– 0.38985	– 0.93047	– 0.49973
– 0.17457	– 0.80637	– 1.00341	– 0.05115	– 0.40896
– 1.27679	– 0.09217	– 0.17027	– 0.22286	– 0.47721
0.37464	0.43894	– 0.65954	0.7299	0.193336
0.12236	0.17489	0.10881	2.52371	0.476915
– 1.47783	– 0.44288	1.72204	– 0.39016	– 0.2865
1.89703	0.84661	1.36792	– 0.8654	0.875475

6.3.5 确定风险指标临界值

一般通过确定各省份所处的风险区间来确定风险指标临界值,可以为地方政府债务风险预警提供直接判断的依据,所以风险指标临界值的确定在债务风险预警体系中非常重要。临界值确定时:

(1) 从理论角度来看,可从国内外相关文献中进行参考;

(2) 从实践角度来看,可借鉴各国在各种不同时期的宏观调控政策,来定位各个指标变量在经济发展过程中发挥的效应;

(3) 从指标来分析,需要关注指标本身所具有的特点及在经济发展中的变化规律。根据这三点,我们可以把风险区间分为无风险、低风险和高风险三个风险段。具体临界值的确定见表6-14。

表6-14 三个风险段的具体临界值

指标	无风险	低风险	高风险
X1 债务余额增长率	(0, 7.5%)	[7.5%, 15%]	(15%, +)
X3 居民存款应债率	(0, 20%)	[20%, 60%]	(60%, +)
X5 或有债务比例	(0, 25%)	[25%, 50%]	(50%, +)
X6 偿债率	(0, 5%)	[5%, 15%]	(15%, +)
X9 税收收入占财政收入比	(80%, +)	[40%, 80%]	(0, 40%)
X10 支出 GDP 比	(0, 15%)	[15%, 30%]	(30%, +)
X12 赤字依存度	(0, 8%)	[8%, 12%]	(12%, +)
X14GDP 增长率	(15%, +)	[7%, 15%]	(7%, 0)
X15 失业率	(0, 4%)	[4%, 8%]	(8%, +)

将上述临界值代入四个公共因子的得分函数中,得出四个公共因子的临界值和汇总因子的临界值,见表6-15。

表 6 - 15　　　　　　　　　公共因子和汇总因子的临界值

省份	F1	F2	F3	F4	F
北京	- 0. 34821	2. 2148	- 1. 11194	- 0. 42285	0. 069674
天津	1. 14043	- 1. 60678	- 1. 18908	- 0. 75348	- 0. 30615
河北	0. 27115	- 0. 82701	0. 65294	0. 67051	0. 139264
辽宁	0. 35494	0. 17069	0. 67237	- 0. 28775	0. 223887
上海	- 0. 88315	- 0. 07071	- 0. 38985	- 0. 93047	- 0. 49973
江苏	- 0. 17457	- 0. 80637	- 1. 00341	- 0. 05115	- 0. 40896
浙江	- 1. 27679	- 0. 09217	- 0. 17027	- 0. 22286	- 0. 47721
福建	0. 37464	0. 43894	- 0. 65954	0. 7299	0. 193336
山东	0. 12236	0. 17489	0. 10881	2. 52371	0. 476915
广东	- 1. 47783	- 0. 44288	1. 72204	- 0. 39016	- 0. 2865
海南	1. 89703	0. 84661	1. 36792	- 0. 8654	0. 875475
无风险临界值上限	- 0. 0597	0. 093395	- 0. 17298	0. 028501	- 0. 02712
低风险临界值上限	0. 071362	- 0. 020369	- 0. 06941	0. 028501	0. 009425

6.4　结　　论

通过对东中西部区域的省份采取相同的实证分析方法，进而判断出各省份地方政府债务所处的风险区间，得出以下结论。

东部省份中，天津、上海、江苏、浙江、广东这5个省份处于无风险区间；河北处于低风险区间；辽宁、福建、山东、海南、北京这5个省份处于高风险区间。

在中部省份中，山西、内蒙古、黑龙江、江西、安徽这5个省份处于无风险区间；吉林、湖北、河南这3个省份处于低风险区间；湖南处于高风险区间。

在西部省份中，重庆、广西、西藏这3个省份处于低风险区间；四川、云南、甘肃、宁夏这4个省份处于低风险区间；贵州、陕西、青海、新疆这

4 个省份处于高风险区间。

以上结论的得出是以筛选出的一系列指标为变量，也是基于理论和现实静态指标进行的双重预警，采用因子分析法计算所得到的。不过，实践中的地方政府债务风险不是一成不变而是动态变化的，不仅会受到上述指标变化的影响，还会受到政治体制、经济制度、历史传统等许多外部因素的影响，所以，本章是基于某一年度固定数据得出的结论，更多的是一种思路展示，实际中还要考虑到这诸多因素的综合影响。

随着新型城镇化的不断推进，地方政府为推动本地区经济发展和民生建设所产生的资金需求越来越强烈，本章简单介绍了几种常用的预警方法，并选择了适合我国当前国情的预警方法和指标体系，建立地方政府债务风险预警体系能够快速识别债务风险、衡量风险大小、评定风险等级、及时处理风险等。对当前可获得数据进行分析可知，地方政府的债务风险总体可控，处于安全区位，地方政府自行发债的风险也未凸显；不过，从理论角度分析，地方政府债务确实存在着诸多的风险隐患。因此，我们认为应该"防患于未然"，应该充分完善风险预警体系，通过预警指标的监测和对数据的定量分析方法，通过信息公开加强数据的可获得性，以期达到及时识别和判断地方政府债务风险的目的，以此为依据寻找防控风险的可操作路径，这是值得后续研究不断关注的重点。

第 7 章

我国地方政府债务风险的治理路径选择

2015 年版《预算法》允许省级地方政府拥有适度发债权，这是我国地方政府债务发展的"里程碑"，是建立现代财政制度以提高国家治理能力的重要组成部分。面对快速城镇化过程中的地方融资需求，让地方政府自主发债是一种可行选择。但当前地方政府发行债券相对来说还是一个新生事物，与市场化的融资机制还有相当的差距，如发行额度、价格机制、信用评级、信息公开、违约责任等方面，甚至隐藏着潜在的财政风险和金融风险。这些在实践中暴露的问题如果不能得到有效的制度安排，必然会形成新的风险集聚点，成为引爆系统性风险的导火索。对于各省份已经成功发行的债券，要从"借、用、还"三个维度进行全方位的监管，在给予省级政府一定举债权的同时必须设计严格的制约机制，构建完善的风险防范和治理机制来保障地方政府发债的规范性、科学性和安全性，缓解和摆脱地方政府债务风险，实现地方经济的高质量发展。

7.1　完善地方政府债务的市场化
管理机制，防范市场风险

地方政府在快速城镇化进程中的融资需求愿望强烈，允许地方政府发债是当前来说最适合可行的选择。但是，我国地方政府债券市场还不够成熟，债券发行的市场化程度还不是很高，甚至存在诸多的问题甚至风险，要用"制度笼子"来约束和管理地方政府的发债权，实现对地方政府发债冲动的"倒逼机制"，使地方政府更注重本区域的经济长期发展和保障民生建设，以此争取更多的发债权限和债券额度，形成一个良性循环。在给予省级政府一定举债权的同时必须设计严格的制约机制，如科学的发债额度分配、严格使用方向、风险预警机制、违约责任等，从"借、用、还"三个维度进行全方位的监管，否则将会面临过度举债之后政府破产问题，届时这又是一个更新的问题，也是一个更难解决的问题，因为我国并没有制定地方政府破产法，也未有其他相关法律对地方政府破产做出明确的规定，还未界定中央政府承担债务救助的条件和程序等。从当前条件分析，我国没有陷入全面债务风险的可能性，债务危机更是无从谈起，但深刻认识各类风险的转化却十分重要，重视风险意识是防控系统性公共风险，从而真正避免全面性危机必须具备的思维。

7.1.1　适度上浮利率防范认购风险

2015 年版《预算法》开始施行，省级地方政府开始全面发行债券，虽然预期发行目标都已基本完成，但从结果来看，地方政府债券的利率在早期基本上都低于国债利率，这种低回报率在债券市场上对一些私人投资者、券商、机构投资者的吸引力明显不足，从理论上来说，这种低利率、低成本的债券很显然不具有可持续性。2022 年 1 ~ 6 月，地方政府债券平均发行利率3.08%，比 2021 年同期下降 0.36%。其中，一般债券 2.89%，专项债券3.14%。同期，3 年期国债利率为 3.35%，5 年期国债利率为 3.52%。应主动让利于市场主体，采取地方政府债券的发行利率稍高于国债基准的定价模式，既可以反映地方政府信用与中央政府信用的风险溢价、地方债与国债的流动性溢价，又可以使地方债定价水平跟随市场进行弹性波动，才可以换取市场对地方政府债券的支持。应该主动让利于市场主体，适度提升各年限债券利率水平以换取市场对地方政府债券的支持。

同时，通过提升地方政府债券的信用水平来吸引投资者，完善投资者结构，促进多元化投资主体局面的形成。例如，美国的市政债券、德国的地方政府债券和日本的地方政府债券，个人、基金和保险公司都是其中非常重要的投资主体。在美国，制定差异化的税率是吸引个体投资者的一种有效方法。在德国，发行短期小额债券是吸引个体投资者或小规模企业的一种有效方法。投资主体的多元化对完成发行任务、提升债券发行规模具有重要意义（赵全厚，2017）。

7.1.2　科学核定地方政府债务的发行规模

从目前地方政府债券发行情况来看，各省份的发债额度由财政部按照有关法规①严格核定和控制，再上报给全国人大或全国人大常委会，经批准后最终分配到各个省份。这种方法是一种非常有效的风险防控方式，尤其是在地方政府拥有发债权限的初期，具有行政性和过渡性。我国幅员辽阔，资源禀赋分布呈非均衡状态，不同地区的综合财力水平差异较大，如何在保证制度规范和有效约束的前提下，既要防止简单粗暴的"一刀切"和上级政府的过度干预，还能留出因地制宜的灵活操作空间（龚强，2011），这是一个值得思考的问题。随着地方政府发债制度的不断完善，地方政府先要有明晰的、正确的借债意图，然后经地方政府进行严格的可行性研究和风险评估之后，再确定发行债券。发债额度应该综合考虑地方政府综合财力、债务管理绩效、债务率、偿债率、违约率、本地区融资需求、还本付息能力、债券市场供求状况等因素，采用因素法进行测算。

---

① 财政部《关于印发〈新增地方政府债务限额分配管理暂行办法〉的通知》。

7.1.3　丰富地方政府债务种类和期限结构

根据额度属性的不同，我国地方政府债券分为新增债券和置换债券；根据债券用途的不同，我国地方政府债券分为一般债券和专项债券；根据发行方式的不同，我国地方政府债券分为公开发行债券和定向债券。根据财政部打造"中国版市政项目收益债"的大方向，尤其要提升专项债券的灵活性和创新性。

在地方政府债券种类方面，除现有的一般债券和专项债券之外，还应该贴合城市建设实际情况进行不断变化，在发行土地债券和公路债券的基础上，短期内应进一步明确社会需求重点，拓宽多样性多元化的债券发行品种，尤其是专项债券的品种，其具有较强的灵活性。在地方政府债券的期限结构方面，财政部发布的《关于做好 2018 年地方政府债券发行工作的意见》规定：公开发行的一般债券，增加 2 年、15 年、20 年期限。各地应当根据项目资金状况、市场需求等因素，合理安排债券期限结构。公开发行的 7 年期以下（不含 7 年期）一般债券，每个期限品种发行规模不再设定发行比例上限；公开发行的 7 年期以上（含 7 年期）债券发行总规模不得超过全年公开发行一般债券总规模的 60%；公开发行的 10 年期以上（不含 10 年期）一般债券发行总规模，不得超过全年公开发行 2 年期以下（含 2 年期）一般债券规模。对公开发行的普通专项债券的期限结构也做出了相应的规定。由此避免期限过短造成过大的偿债压力，还要避免因期限过于集中而产生的偿债压力，应该逐步拉开期限档次，科学配比。城镇化建设的投资金额大、建设周期长，建设成本需要代际分担，因此可以考虑发行 20 年期以上的长期债券，为地方大型建设项目提供资金保障，还可以满足一些长期资金投资者的需求，如保险公司、养老基金等追求稳健并能长期持有且资金体量大的优质投资者（温来成，2016）。继续探索编制资产负债表，逐步引入资产负债管理方法，重视地方政府资产和负债之间的期限、利率以及币种等之间的各种匹配，减少流动性风险。

7.2 建立规范的地方政府债务使用机制，防范使用风险

7.2.1 把地方政府债务纳入全口径预算

"43 号文"虽然已经明确了把地方政府债务纳入预算管理的总要求，但是还缺乏细则要求和解释；对地方政府债券发行后的还本付息管理，还缺乏编制中长期预算的经验。想要真正实现从源头上对地方政府债务的规范管理，首先，必须将所有的地方政府债务纳入预算，在预算中明确列示债务资金的使用去向，以及明确的债务偿还资金来源，在预算中反映地方政府债务的来龙去脉；其次，地方财政预算必须是由地方人大主导的，要同时接受地方人大的监督以及上级行政机构和立法机关的监督；最后，实现地方政府债务管理制度的科学决策、高效执行和规范监管，这是针对地方政府债务的"治本"之路。而且，从预算的本质来分析，预算的编制过程实际上就是一个对潜在风险的预先筛选过程，因为预算不仅是关于地方政府筹集和使用债务资金的表格和计划，更是应对未来各类型债务风险的预期安排，这才是把地方政府债务纳入全口径预算的深层含义。

列入全口径预算后，地方政府的债务预算报表要能够清晰反映地方政府债务的整体状况以及预算年度债务的举借与偿还、具体使用方向、偿还资金来源、政府担保债务以及新增债务、债务余额等所有情况，从而全面反映地方政府债务从举借、使用到偿还的全流程。此外，在编制债务预算报表时，还要选取适当的方式披露和公布政府各类型债务，确保社会公众尤其是各类投资者对债务信息的充分了解。

7.2.2 建立地方政府债务硬约束机制

《中华人民共和国预算法》又被称为"经济宪法"，它的法律地位极高，

相当于经济领域内的"宪法"，这一提法强调了预算在约束经济行为上具有的权威性和强制性，因此，预算是具有法律效力的，从理论上来说是没有"硬预算约束"这种提法的，因为预算约束本身就是非常权威的，"硬"是预算约束的题中之义。但现实中普遍存在的现象却是预算约束软化，因此我们提出要"硬化预算约束"，否则，风险没有渠道来缓释，难以保障正常融资，更无持续之路来发展地方经济，这是一个必然的恶性循环。硬预算约束下，要"有法可依"，从法律层面上明确各级地方政府拥有的财政权限，强化中央政府对地方政府的预算约束，防止地方政府道德风险的产生，避免地方政府债务风险对中央政府产生"倒逼"机制，进而引发系统性债务风险。

硬预算约束下，一定要落实具体责任人，必须通过法律来实现和推动地方政府债务的行政首长和直接责任人负责制，"谁签字谁负责"，建立任期偿债责任制度、离任审计制度，不论其职务迁调以及是否存在离职状况，终身问责、倒查问责，只有这样，地方政府不计后果和责任的融资冲动才有可能被抑制。

通过债务收支计划来约束地方政府的经济行为，即债务预算可以严格把控地方政府债务的全流程，地方政府必须承担由其自身经济行为所带来的全部成本，更不能将偿债责任和违约风险转嫁给上级政府。否则，在我国现行的行政体制下，地方政府一旦无法按期偿还到期债务就会引发地方财政风险，必然会波及中央财政的安全，甚至引发系统性的金融风险。另外，当前省级政府发行的地方政府债券是一种面向市场的公开融资行为，事前需要进行信用评级以确定发债额度，也能够向投资者传达相关债务风险判断的信息；事中需要跟踪动态管理，及时发现问题并及时解决问题；事后需要信息公开披露和问责，如此一来，地方政府债券及债券市场基本处于"阳光运行、阳光监督"的状态，也有利于实现预算硬约束。

7.2.3　严格限定地方政府债务的使用范围

总体来说，非竞争性领域是地方政府债券的主要使用区域。根据政府职能的不同，可将该非竞争性领域分割成四大类：第一类，即传统概念上的基础设施，涵盖农业、能源、交通、矿产、通信等行业，交通和通信是这一大类的主要构成；第二类，即人力资源等"软"基础设施，涵盖教育、医疗等资本性投资；第三类，即纯公共产品投资，包括治安、环保等；第四类，即具有再分配功能的投资，包括保障性住房、公共文化建设、社会保障支出等。在国际上，市政债是支持地方政府基础建设的必要财政工具，如在欧盟，地方政府债券最大的投向是基础设施行业。同样地，我国地方政府债券一般应用于交通、通信、保障性住房、教育、医院、水利和污水处理系统等地方性公共设施建设以及其他公益性项目。

2015 年版《预算法》第 35 条要求地方政府债务只能用于公益性资本支出，不得用于经常性支出。在实践中，债务资金不得投入到能够通过市场化方式筹资的项目，也不能投入到政府性楼堂馆所建设和经常性支出；政策导向是加大对保障改善民生和经济结构调整的支持力度，要分清轻重缓急，债务资金优先用于保障性安居工程建设、普通公路建设发展等重大公益性项目支出，这既符合中央政府对地方政府债务资金安排使用的政策导向，也充分体现了经济社会发展的切实需要及保障和改善民生的重要性。

7.3 完善地方政府债务偿还机制，防范信用风险

7.3.1 充足的地方财政收入是偿还债务的支撑和前提

借贷关系在充满不确定性的、自由的市场经济环境中是一种不可避免的、正常的经济现象，资金供给者往往通过借贷利率和借贷规模来约束借款人，因此，没有持续收入支撑的借贷关系不可能长期持续存在。在我国，地方政府不仅是地方公共财政的代理人，也是中央政府的派出机构。因此，地方政府不仅要保证除税收以外有充足的债务资金去满足地方公共支出的需要，还要对地方政府潜在的过度支出这一惯性思维进行有效的约束，最关键

的一点是按时偿还到期债务不能影响地方政府的信用。

（1）推进财政体制改革，建立现代财政制度。从现代化的国家治理角度来看，财政体制改革能够有效调动中央政府和地方政府的积极性，当前尤其要发挥地方政府的积极性，这就需要加快建立现代财政制度，建立权责清晰、财力协调、区域均衡的中央和地方财政关系，健全各级政府间财力与事权相匹配、事权与支出责任相适应的制度，推进新一轮财政体制改革，这是减少地方政府债务规模、治理市县区域性债务风险的根本所在。

2018 年 2 月，国务院发布《国务院办公厅关于印发基本公共服务领域中央与地方共同财政事权和支出责任划分改革方案的通知》，打破了以往根据机构部门确定事权的方式，转而采用中央和地方共同承担支出责任的方式，通过确定央地共同财政事权的范围和分担方式，并根据不同地区的发展水平设定不同的分档转移支付。即明确了基本公共服务领域中央与地方共同财政事权的范围，规范了基本公共服务领域中央与地方共同财政事权的支出责任分担方式，调整了转移支付制度，强化了监督检查和绩效管理。除了以上已经完成的财政体制改革，还应进一步深化改革央地政府财力配置体制，硬化地方政府的偿债责任，实现并优化税收划分体系，降低转移支付对地方政府举债的助推作用，最终实现各级政府财力与支出责任的相对匹配。

（2）夯实地方政府收入来源，建设现代税收制度。"营改增"全面施行后，必然会导致地方政府自主财源减少，在地方财政本就拮据的困境下，地方政府税收收入下降无疑是雪上加霜。从尽快培植地方税主体税种的角度来看，当前最为行之有效的对策就是在进一步深化资源税和环境保护税等税制改革的同时，加快房地产税的改革和实施进程，使税收职能作用得到全面发挥，给予地方政府足够的税收来源，加强地方财政实力，增强地方政府的偿债能力。同时，推行税收规范化建设，推进办税便利化改革，建立服务合作常态化机制。这也是提高地方政府偿债能力、治理市县区域性债务风险的关键所在。

7.3.2 严格地方政府债务的偿还机制

2015 年版《预算法》第 35 条要求地方政府举借的债务需有科学的偿还计划和稳定的偿还资金来源。"43 号文"明确规定举债的地方政府是风险自担的融资主体，对其举借的债务负有偿还责任，中央政府实行不救助的原则；政府债务不得通过企业举借，企业债务也不得推给政府偿还，切实做到"谁借谁还、风险自担"。这意味着中央政府的态度是不再给地方政府债务提供"直接担保"，如果地方政府资不抵债，中央政府对其在某些关乎重大民生的领域实施救助也无可厚非，但这不同于自动的、无条件的"兜底"。

地方政府应以本地区的财政收入作为一般债券的偿还担保，以项目建成后取得的收入作为专项债券的偿债保证。根据"43 号文"的规定，没有收益的公益性事业发展确需政府举借一般债务的，由地方政府发行一般债券融资筹集，以一般公共预算收入偿还。有一定收益的公益性事业发展确需政府举借专项债务的，由地方政府通过发行专项债券融资筹集，以对应的政府性基金或专项收入来偿还。还应结合现阶段编制的中长期财政预算规划，基本明确偿债资金的具体来源，缓解集中到期债务的偿债压力。明确偿债主体和偿债责任，落实偿债资金来源并统筹规划科学合理的债务偿还期限。为减少财政压力和风险，还应建立偿债基金制度，根据债务余额按一定的比例提取在预算中列支偿债准备金（苗庆红，2015）。

同时积极推进"省直管县""乡财县管"等财政管理方式的深度改革，在减少管理环节的同时，增强基层政府财力，提高财政管理绩效，最终实现中央、省、县三级扁平化组织架构，并完善分税制，科学合理地划分与三级政府财政事权相对应的财权和税权，从而建立起全面的、完善的、科学的、自上而下的财力差异调控机制。

7.4　构建多层次监管体系，防范公共风险

当前允许地方政府发行债券还属于一个新鲜事物，它的发展方向是逐渐置换和替代以前不规范的政府债务，对规范地方政府债务具有非常重要的作用。因此，对于地方政府发行债券必须制定一套完整的制度和规则，举债的事前、事中、事后都要实行全程动态监督，并要建立多层次多维度的监管体系。

举债前的监管措施：从中央政府角度来看，需要真实掌握地方政府的经济发展状况、地方财政收支缺口情况、政府债务存量规模等，据此制定与地方政府偿债能力和地方政府可用财力相匹配的债务增量中长期发展规划，控制地方政府的发债总规模，并建立地方政府债务风险预警机制。从地方政府债务管理者的角度来看，即各政府主管部门要对新发债券进行充分的科学论证和可行性分析，建立举债项目评估决策机制和举债听证机制，避免过度举债等短期行为，规范地方政府举债的审批条件和程序。从发债主体的角度来看，即地方政府要制订科学合理的债务资金使用分配计划、举债项目可行性报告和切实可行的偿债计划。

举债后的监管包括事中监管和事后监管：从地方政府债务管理者的角度来看，对于举债项目的实施情况，财政部门要做到实时动态跟踪审计。要对建成后的债务项目进行评估，评估内容包括对资金使用的经济效率、社会效益，对环境是否产生影响，是否有助于经济可持续性等进行综合评估。从债务资金使用者的角度来看，要定期向管理部门汇报债务资金是否到账、使用进度和预期的还本付息等情况。

7.4.1　宏观层面：制度的规范与完善

7.4.1.1　进一步推进中央政府与地方政府财政事权与支出责任相匹配

地方政府债务问题天然地内置于财政分权体制之中，必然涉及财权、财

力与财政事权、财政事权与支出责任的匹配问题。在合理界定中央与地方之间的财政事权和支出责任的基础上，财政事权和支出责任要适度向中央政府集中，同时，借助科学的转移支付等手段来调节各级地方政府间财力分配的纵向不平衡和不同地区间财力分配的横向不均衡，实现财政事权和支出责任的相匹配，在某种程度上可以缓解地方政府的财政压力，进而缓释其发债压力和债务风险。

关于转移支付，应依据财政事权来合理安排转移支付的方式。由地方政府承担的财政事权支出，就要强化地方政府的支出责任和统筹权限，中央财政仅通过一般性转移支付来予以支持。由中央和地方共同承担的事权支出，需要以法律形式明确各自应该承担的比例。属于中央政府委托地方政府的事权支出，通过专项转移支付由中央政府全额承担。符合中央政策导向的地方政府事权支出，可由中央财政安排一定规模的专项转移支付给予支持和引导。短期内，转移支付制度改革的重点为建立一般性转移支付稳定增长机制、规范和减少专项转移支付、提高转移支付资金分配的透明度与使用效益。

7.4.1.2 基于 2015 年版《预算法》来完善相关法律，实现地方政府债务的法治化管理

我国目前正在实行的《担保法》、《中华人民共和国证券法》（以下简称《证券法》）等法律，由于经济社会制度的快速变迁，其初衷与现实之间存在着较大差异，成为地方政府债务管理法律约束缺失的重要原因。2015 年版《预算法》从法律层面赋予了省级地方政府发债权，明确规定了"怎么借"地方政府债务，这是地方政府发债与预警机制的必要前提，即合法化，但是，在合法化的前提下，如何将发债机制与预警机制、信用评级制度与预警机制、责任追究制度与监管机制等落实到实际可操作层面，相关规定还不够明确和细化。除已经修订的 2015 年版《预算法》之外，应该修订现行的《证券法》《担保法》等相关法律，或者直接制定类似《地方政府债券法》《地方政府债务管理法》等专门性法律，提高立法层次，使地方政府债券的

发行、流通、使用和偿还等都得到规范管理。而且，从法律高度规范地方政府债券的发行条件、发行程序、交易规则、债券利率、使用限制、问责机制等，通过这一系列体制机制的约束，从而降低地方政府的违约风险。

7.4.2　中观层面：预算监督和社会监督

我国的政治制度决定了当前政府预算监督是国家的主要监督模式，但社会监督具有公开性、独立性、全程性等特点，加上互联网时代的便捷性，也日渐成为一种非常有效的监督形式。

7.4.2.1　事前监督

事前监督是一种源头监控，从根本上决定了预算监督和社会监督的实行效果。应从制度上保障预算编制环节的科学性，准确判断预算信息的真实性与可靠性等，即要保障监督主体对预算信息的知情权，提升他们参与预算的主人翁意识，顺畅表达自身意愿，充分发挥预算监督和社会监督的主动性与公开性优势。

7.4.2.2　事中监督

预算执行环节是预算资金使用的最关键阶段。在实际的预算执行过程中，基于部门利益最大化的考虑，存在随意调拨预算资金、"暗箱"操作、"寻租"等预算执行透明度低的现象。因此，政府部门应该定期公开预算信息，向社会公布债务资金使用情况及债务项目的进度；全程跟踪债务资金的支出使用，让第三方评价机构及参与其中的社会公众全面地、客观地评价和监督债务资金的使用状况，及时纠正偏差，最终提高债务资金的使用效率。如确实需要调整预算，应采取听证机制，充分考虑来自听证各方的意见，然后提交同级人大审核批准；同时规定预算调整的次数会影响其预算绩效评价的得分。

7.4.2.3 事后监督

在我国，事后监督主要体现为财政审计监督，这种形式也属于内部监督。但是，地方政府可能会干预监督和审计结果，导致审计报告和监督结果的可信率受到质疑。那么，可以考虑引进第三方独立监督机构和外部审计，运用大数据、云计算等"互联网＋"时代的现代科学技术及专业化的职业素养来确保审计报告的真实、公正和有效。同时，互联网、微信、微博、QQ、报纸等媒体平台具有广覆盖、快传递等特点，充分利用这些优势，让公众及时获取相关信息，并畅通意见接收渠道，建立迅速有效的事后监督机制。

2018年国务院发布《地方政府隐性债务问责办法》，推进了政府违规举债的问责机制建立。对地方政府违法违规举债应实行终身问责和倒查责任制度，还应进一步加大审计、财政、社会、人大等全方位多维度的监督，抑制地方政府违规举债的冲动。

7.4.3 微观层面：规范举债融资机制

7.4.3.1 树立科学的政绩观

形成地方政府债务风险的重要原因之一就是存在着片面的政绩观。由于一些地方官员的政绩观存在偏差，在决策建设项目时部分地方政府和官员一味地追求"短、平、快"，甚至不顾自身偿还能力盲目发债，这种短期行为最终导致地方政府的偿债压力倍增。很显然，应抛弃这种"唯GDP论"的狭隘政绩观，建立长远且科学有效的地方官员考核机制。首先需要设计一个科学的、可行的绩效考核体系，不仅要客观地反映地方政府债务的各项绝对指标和相对指标，如债务规模、债务结构、债务率、偿债率、违约率等，更要把地方政府债务的各种管理制度与绩效评价、债务项目的社会效益评价、履约情况等纳入地方官员的综合绩效考核体系。建立相应的问责与纠错机制，从制度上约束地方官员过度举债行为。2017年7月召开的全国金融工作会议指出，各级地方党委和政府要树立正确政绩观，严控地方政府债务增量，终身问责，倒查责任。

7.4.3.2　拓宽融资渠道，推广使用 PPP 模式进入公共服务领域

党的十八届三中全会提出允许社会资本通过特许经营等方式参与城市基础设施投资和运营。为拓宽城镇化建设融资渠道，促进政府职能加快转变，完善财政投入及管理方式，2014 年 9 月 23 日，财政部发布《财政部关于推广运用政府和社会资本合作模式有关问题的通知》，明确提出 PPP 是在基础设施及公共服务领域建立的一种长期合作共赢关系。为推进经济结构战略性调整，迫切需要在公共服务、资源环境、生态建设、基础设施等重点领域进一步创新投融资机制，充分发挥社会资本特别是民间资本的积极作用，2014 年 11 月 16 日，国务院发布《国务院关于创新重点领域投融资机制鼓励社会投资的指导意见》，明确提出要建立健全政府和社会资本合作（PPP）机制，鼓励通过 PPP 方式盘活存量资源，把变现资金用于重点领域建设。为鼓励和引导社会投资，增强公共产品供给能力，2014 年 12 月 2 日，国家发展改革委发布《国家发展改革委关于开展政府和社会资本合作的指导意见》，明确指出，PPP 是政府为增强公共产品和服务的供给能力、提高供给效率，通过特许经营、购买服务、股权合作等多元化方式，与社会资本建立的利益共享、风险共担及长期合作关系。通过 PPP 这种新模式来防范地方政府债务风险，关键是要在政府债务项目中引入社会资本从而提升债务资金的资源配置效率。新常态下，政府的宏观调控会更加侧重市场的调节作用，需要引导、支持和鼓励社会资本，在公共领域中引入 PPP 模式，地方政府的融资需求可以被有效降低，地方政府职能也能进一步得到清晰界定，政府和企业分工明确，"各司其职""专业的人做专业的事"，可以同时提高社会资本的投资收益和政府的公共服务效率，市场活力得以激发，积极发挥财政资金的杠杆作用，财政压力得到有效缓解。同时，根据规范管理的要求，原有的地方政府投融资平台通过积极的市场转型发挥应有的作用。

同时，在推广 PPP 模式时，应加强对 PPP 项目各环节的监督和管理，提

升各参与主体的市场契约精神，规范社会资本的进入和退出机制，用制度来约束"借 PPP 融资之名、行变相举债之实"等政策扭曲行为，谨防地方政府的"道德风险"与"财政幻觉"而滥用 PPP 模式，还要完善 PPP 的其他相关配套制度建设。

为了保障 PPP 模式在公共产品与服务供给中的成功运作，还应注意以下几点：（1）实行负面清单管理制来维护公平竞争。原则上，除少数纯公益性项目之外，负面清单管理制均可适用于其他大多数基础设施项目的准入。（2）尊重和保护私人产权，正确界定政府与投资主体间的权责范围。（3）增强社会资本融资能力。优先股、资产证券化等试点政策可适当向社会资本方倾斜，同时从增强社会资本融资能力来说，鼓励社会资本对融资平台公司实施债转股或资产证券化等。（4）完善相关配套制度改革。加快推进价格体系、税收优惠、财政补贴以及政府性融资机制等相关改革，大力发展资本市场，鼓励保险资金、社会保险资金等长期资金入市，多渠道吸引社会资本。

7.4.3.3 遏制隐性债务增量，规范地方政府举债融资行为

（1）对于 PPP 项目，首先要规范和完善相应的配套立法，明晰政府和参与方的权责范围。其次应该重视 PPP 项目的社会效应，促进地方政府更好地供给公共物品，而不是一味地将其当成融资工具。最后，对于存在"明股实债"等变相举债的项目，可以调整其股权结构，剔除政府违规以债务入股的部分，还应引入社会方的资本来弥补地方政府隐性债务的股权和资金缺口等。

（2）对于政府产业基金中隐性债务风险的问题，首先需要规范政府产业基金的项目，避免 PPP 等项目借助政府产业基金的形式参与融资，并减少政府产业基金中政府以股权参与变相举债的问题。其次，严禁对投资方做出最低收益或承担风险损失的承诺。最后，对于各地方政府引导的产业基金应合理规划，充分利用地区优势，减少各地重复建设项目的弊端，并依据市场供需和政策的倾向确定各地区的投资产业，使政府资本多用于促进实体产业的发展。

（3）对于政府购买服务中的违规举债，首先应严格按照相关法律要求严惩违法扩大政府购买服务范围的现象。其次对于政府在没有资金支付合同的前提下签订的政府购买服务协议，地方政府应妥善做好偿债准备，并加强对政府购买服务项目的监管，严格监督政府购买服务中的合同履行及政府预算支出进度。

（4）对于地方政府融资平台中的隐性债务，首先应切断地方政府和融资平台的互相依赖，在融资平台的市场化转型中减少政府控股，合理化股权结构，政府对于融资平台的补助也应加强对认定标准的审查。其次地方政府应通过规范发行债券来为政府公益性项目融资，减少融资平台投资参与其中，推动其市场化转型。

7.5　健全配套管理机制，防患于未然

7.5.1　建立债务信息披露的常态化机制

我国当前的地方政府发债制度还不够完善，发债主体责任也不明确，那么，在这种情况下，债务投资项目能否公开透明、公开的数据是否真实全面、发债筹集的资金能否有效运营、产生效益能否足够还本付息并给投资者带来回报等，这对当前的地方政府发债来说是一个严峻挑战。

信息公开的内容应该包括：债券的实际发行人、发行人的信用评价等级、债券发行规模、债券利率、期限结构、资金投向、还款来源、还本付息方式等；地方政府债券的余额规模、偿债基金的提取情况、本地区地方政府债券的历史期限结构、已发行债券的资金使用及产生效益情况等；地方政府债券的成本管理、债券期限结构管理、债券流动性管理等。

建立债券信息披露的常态化机制是现阶段规范地方政府债券使用、偿还和防范债券风险扩散的必要条件。地方政府债券资金低效使用的根源在于债券信息的透明度和及时性远远不够。因此，地方政府应建立完善的债券信息

披露制度，提高其市场透明度。在债券的使用环节，有必要引入完全独立的第三方审计机构和专业的风险评估机构，强化绩效评价，强化市场对地方政府债券使用情况的监管。只有真实完整的信息得以公开披露，审计机构和评级机构才能进行客观的风险判断和信用评级，债券使用者和投资者才能进行更准确的风险评估、更科学的投资决策和更完善的监督监管。根据 2015 年版《预算法》规定，地方政府需要在人大批准后 20 日内，公布全口径预决算报告和报表，强调一些重要事项的公开，包括本级政府举借债务的情况，并明确规定预算公开的内容、时间、主体等。

随着地方政府债券发行制度的不断完善，现金流量表、利润表等综合财务报表，历年历届的统计公报，地方财政预算决算报告，审计报告等也应当逐步披露并且要保证其及时性和真实性。另外，还需进一步完善现有的地方政府债券信息系统，将所有地方政府债券的相关信息都记录到系统中，供投资者实时查询，这在当前应该没有技术上的障碍。还可以建立债务信息月报制度，凡使用债券资金的单位每月向同级财政部门报送相关信息，再由财政部门按规定口径汇总上报省财政厅。建立各部门及机构定期对账和信息共享机制，确保相关债券信息的完整、及时和准确。

（1）健全法律法规。建立政府信息公开制度，保证债务信息公开、及时、全面。必须结合实际规范管理，修订相关的法律条款，明确地方政府的举债权限、举债程序以及地方政府债务的核算要求、预算编制、信息披露形式等内容，有助于隐性债务的显性化、或有债务的确定化，也有助于地方政府债务信息披露的全面性、统一性和及时性。

（2）完善债务信息披露体系。涉债信息主体为政府各有关部门和监督机构。发债机构的主要职责是核算、上报或公开与政府债务有关的信息；汇总、提交或公开与政府债务有关的信息由管理机构来完成；审核各种政府债务信息的真实性并提出有针对性的意见主要由监督机构来负责。要及时沟通债务信息，各级财政、发展改革部门、人民银行要加强政府性债务信息交流，建立定期对账和信息沟通机制，确保相关债务信息及时、全面、准确。

7.5.2 推进编制和完善地方政府资产负债表

政府资产负债表是政府预算体系的重要补充内容，是全面防控地方政府债务风险的重要支撑资料，是确定地方政府发债额度和判断地方政府偿债能力的主要依据（见表7-1）。2015年版《预算法》规定地方政府要公开资产负债表，那么厘清地方政府到底有多少债务，使资产负债表经得起检验，才能有效判断地方政府发债是否可持续和发债上限，地方政府债务也将真正被关进"政府财报"的"笼子"。

表7-1   政府资产负债表框架

资产		负债	
服务性资产	财力性资产	直接显性负债	或有和隐性负债
金融资产：	国有经济：	国债余额：	准公共部门发行的债券：
财政性金融资产	企业的国有净资产		政策性银行发行的债券
全国社保基金	金融机构的国有净资产	内债余额	
其他金融资产			铁路总公司发行的债券
固定资产：	资源性资产：	地方政府负债：	地方政府负债：
基础设施	土地资产	政府偿还类负债	担保类和救助类负债
其他固定资产	矿产资产		
	森林资产	国务院部委所借外债	国有金融机构的不良资产：
	水资产		以不良资产转化形式存在的或有负债
			国有商业银行新产生的不良资产
存货及相关资产		中资金融机构承担的外国政府贷款	政府担保（非地方）
无形资产	无形资产		外债余额中的其他部分
其他政府资产		其他政府负债	
政府净值			

资料来源：高培勇等：《中国政府资产负债表：构建及估算》，载于《经济研究参考》2014年第22期。

从政府资产负债表框架来看，实物资产如公共绿地面积、高速公路里程、铁路、航道等，历史遗留问题较多，很难清晰地反映出来。关于债务部分的确认，政府认可的债务应在资产负债表中反映，也较为容易实现，但2015年之前地方政府融资平台公司、地方国有企业融资形成的债务以及其他直接显性债务之外的债务并未体现在资产负债表中，这些债务实际上也属于政府债务。所以说，目前试编出来的资产负债表无论是资产还是负债都不够全面。

编制资产负债表还有以下几个难点。

（1）科学确定政府债务统计口径。近年来，我国对地方政府债务审计程序、统计口径进行了改进，以更全面地反映地方政府债务的真实状况。但当前地方政府债务口径仍需要根据我国实际情况进行科学划定，从而更科学全面地反映地方政府的显性债务和隐性债务。

（2）当前我国还未建立政府会计的权责发生制，这成为政府资产负债表编制的一个"瓶颈"和技术难点。现行的预算是收付实现制的审核报批制度，权责发生制强调的是"实质重于形式原则"。只有在权责发生制的会计基础之上，债务信息才能被充分揭示，权责发生制的程度越高，揭示得越充分，从而可以将或有债务带来的财政风险提前显现。2011年，财政部发布《2010年度权责发生制政府综合财务报告试编办法和试编指南》，我国开始省级政府资产负债表试编工作，涵盖北京、浙江、江苏、天津等12个省级政府，2012年试编省份扩大到23个。2015年财政部发布《政府财务报告编制办法（试行）》《政府综合财务报告编制操作指南（试行）》等，广泛推动开展政府资产负债表的编制工作，全国多地参加了试编工作。资产负债表可以完整反映各级政府拥有的各类资产和该承担的各类负债，全面反映了政府的财务"家底"，地方政府债券也必然被关进"政府财报"的"铁笼"。为推进权责发生制政府综合财务报告制度改革，探索地方政府综合财务报告合并编制工作，2018年6月20日，财政部制定了《地方政府综合财务报告合并编制操作指南（试行）》，选择山西省、上海市、海南省、重庆市作为首批编制地方政府综合财务报告的试点地区。

（3）会计核算制度的不完善。我国的政府会计制度主要以收付实现制为基础，因此，显性负债能够体现在政府会计信息中，而隐性负债和或有负债却无法反映，也就无法达到财务信息所要求的真实性、完整性和及时性。在财政负债的界定、确认、计量和报告方面，收付实现制下的政府会计存在以下不足：①狭窄的负债核算范围，不能完全包括所有的债务类型，仅能核算当期有现金流的显性负债部分，当期虽然已经发生但却没有发生现金收支变动的隐性负债，以及有可能造成未来财政支出责任的或有负债无法纳入当前政府会计的核算范围，导致地方政府债务的规模无法准确计量。②不完备的负债信息披露制度。现行的政府综合财务报告是由资产负债表、预算执行表及附表构成，在试编阶段的资产负债表里，由资产负债表的"借入款"科目来体现政府债务的本金部分，"债务利息支出"科目来反映当期到期的债务利息。由于政府财务报告只能反映出显性债务，因此，体现在资产负债表里的地方政府债务规模远低于实际债务规模。③口径不统一的负债评估指标。导致不易掌握地方政府的负债风险状况，不同地方政府的债务无法进行准确可靠的横向比较，财政监督形同虚设，未发挥约束地方政府债务的真正作用。

7.5.3　引入符合我国国情的信用评级制度

信用评级是国际上大部分国家对地方政府在市场上进行融资的一个必要前提，美国、新西兰、澳大利亚等国的做法都很值得借鉴。在美国，所有公开发行的债券都必须经过评级。在新西兰，地方政府必须聘请具有独立实体资格的评级机构对其进行全面的评级。一般而言，信息不对称会引起"逆向选择"和"道德风险"，而信用评级则可以很好地解决此类问题，同时还能对地方政府债券起到充分有效的市场约束作用。

在我国，允许地方政府发行政府债券的初衷之一就是想充分利用市场的力量，在完善的债券市场里，债券的市场表现和它的信用等级是密切相关的。有了地方政府的信用评级结果，投资者就会以此作为投资前的参考标准；与此同时，在信用评级制度的约束下，地方政府必须及时向市场和社会公众披露其相关财政信息，这将改善中央政府和地方政府之间、政府和纳税人之间信息的不对称情况，进一步提高地方政府的信息透明度。现实中，我国地方政府的信用评级存在一定的复杂性和特殊性，这主要在于怎样界定上级政府对下级政府的债务承担责任以及如何保持评级机构的独立性。当前我国债券发行的市场化程度并不高，现有的信用评级只对债券进行了评级，对发债主体则还未进行评级。因此加快引入地方政府信用评级制度，让政府直接面向市场，"倒逼"地方政府改善自身的财务状况，进而促使政府信息的及时披露和投融资方式的规范透明。

明确信用评级机构的行业标准，规范评级机构的信用评级行为，有助于保护投资者权益，提高投资者购买积极性，还要保持独立性，才能更加客观地反映评级对象的实际情况。我国当前的信用评级有下列不足之处：一是关于地方政府债券的评级结果一律为 AAA 级，没有体现出差异性。二是参与评级的机构资质不够专业，而且参评机构均为国内评级机构，应适当纳入国际评级机构，国际评级机构的经验和信誉都是经过市场考验和筛选的。三是地方政府支付评级费用，由于存在这种市场交易关系，再加上地方政府天然拥有的行政管理职能，很可能会影响评级结果的公正性和客观性。四是我国政府信息公开透明性不足也在一定程度上导致评级效果的科学性、准确性不足。

目前国内几家主流评级公司在设计政府债务指标时，以审计署和财政部的债务余额统计表为依据，带有较为强烈的政府色彩且还有很多因素没有考虑，如基础资源地区差异、政府换届风险等。而在国际上，评级公司统计的数据和信息必须独立于政府统计，有自己独立的债务统计口径、数据来源和评级方法，否则，无法体现信用评级的独立性和市场约束力。从评级思路来看，各大评级机构基本都是在评估地方政府自身信用的基础上，再综合考虑国家主权信用、地方政府获得的外部支持如财政补助等因素，从而得到地方政府的最终信用评级结果。评级公司对个体信用的评级要素，主要包括地方经济发展水平、地方财政收支状况、地方政府债务状况以及地方政府治理水平等方面。但是，我国的特殊性在于，地方政府是中央政府的派出机构，地方政府并没有较大的独立自主性，这点和很多发达国家有较大差异，所以，在评级方法上，也不能一味地追求与国际接轨，原封不动地照搬国外的方法，虽然方法可能很先进，但不一定适合我国实际国情。为进一步规范地方政府债券信用评级管理，财政部等相关部门先后印发《关于 2014 年地方政府债券自发自还试点信用评级工作的指导意见》《财政部关于印发〈地方政府债券信用评级管理暂行办法〉的通知》《关于促进债券市场信用评级行业健康发展的通知》等。

　　未来，我国可以参考德国的联合债券，发行省级政府之间甚至多个城市之间的联合债券，如京津冀、长三角经济圈、珠三角经济圈等，可以极大地增强债券的信用等级，满足地方政府融资需求和投资者的投资需求。尤其是在我国，越是经济较为落后的地区，财政收入状况越困难，越是需要更多的资金支持，通过发行联合债券，可以提高债券的信用等级，更快速持续地筹集所需资金，最终达到增加公共物品和公共服务供给的双赢局面。因此，多省联合发行这种联合债券，具有极大的优势，但是，必须明确规定联合债券的偿债责任。另外，如果多省联合发行债券，可以吸引投资者对地方政府债券的兴趣，提高二级市场的流动性。

　　综上所述，我国信用评级制度还亟待完善和改进，要建立健全科学合理的信用评级制度，对地方政府债券进行独立、客观、准确的信用评级，并有效判断地方政府的偿还能力，充分发挥信用评级制度的风险预警作用，最终降低地方政府债券的违约率，维护地方政府信用和投资者收益。而且，随着地方政府信用评级制度的健全，未来的债券市场必然会形成"用脚投票"机制，对地方政府发展经济、提升营商环境产生"倒逼"机制。

7.5.4　全面实施地方政府债务绩效管理

　　全面实施地方政府债务绩效管理是高质量发展的客观要求。从地方政府举债的源头、使用的过程和结果等环节开展绩效评价，有利于提高债务的效率和降低杠杆率，也是防控系统性金融风险的重要举措。首先，要完善地方政府债务管理流程，政府债务管理流程应当以事前、事中、事后管理为主，绩效考评及信息披露管理贯穿始终；其次，建立完善地方政府债务绩效评价体系，科学完善的债务绩效评价体系是实施债务绩效管理的关键要素和核心保障；最后，形成以绩效评价结果为导向的债务资源分配，除将债务绩效纳入地方政府官员政绩考核外，债务绩效评价结果应当直接影响到下期地方债务限额的分配及有限债务资金的投放方向。

7.5.5　构建地方政府债务风险预警体系

　　风险识别、风险评估和风险判断是地方政府债务风险预警体系的基本组成部分。在实际的预警体系运行中，举债是最基础的环节，地方政府债券的合理使用和如期偿还直接受制于地方政府整体负债水平的合适与否、结构的合理与否；用债是关键环节，债务资金的使用方向科学与否、有无显著的债务使用效益，与地区经济是否持续发展、偿债能力是否足够也是切实联系在一起的；偿债是当前我国地方政府自主发债进程中最重要的环节，若地方政府债券未能如期偿还，就会威胁到地方政府的公信力，甚至还会导致恶性循环，影响下一轮的借债环节能否顺利完成，最终可能引起债务风险和危机的爆发。

　　因此，我们的思路是：分别在地方政府债券的发债、用债、偿债三个环节选取对应指标，同时赋予各指标相应的权重，设置预警区间以及风险临界值，指标体系及权重、预警区间和临界值均可以根据实践不断动态调整和丰富补充。最后随着实践的逐渐成熟与完善，实现地方政府债券风险预警体系的构建。当前，我们不能简单生硬地套用成熟国家的债务风险评价体系和预警体系，应结合我国国情，站在中央政府的层面和高度，设置地方政府债务风险预警指标体系，确保衡量口径的一致性；建立债务信息报告制度和公开披露制度，提高债务信息透明度，并向全国人大报告，提升预警水平和风险应对能力；建立地方政府债务的事后纠错与问责机制，从制度上规范、约束地方政府的投资冲动、随意发债、过度发债的惯性思维；通过多维度的制度设计，真正把地方政府债务风险关进制度的"笼子"里，从源头上缓解或者摆脱地方政府债务风险。

| 第8章 |

结　语

　　梳理我国地方政府债务从新中国成立开始的发展和演变进程，"赋权—禁止—再赋权"，循环往复，但始终"嵌套"于中央政府与地方政府的动态关系之中。计划经济体制下的两次地方政府债券发行，即 1950 年东北建设折实公债和 1958 年地方经济建设公债的发行，都是在特定历史时期地方政府为弥补资金短缺而进行的融资行为。在 1978 年以"放权让利"为基调的改革开放之后，地方政府在经济、投资等方面取得了相对独立的自主权，1979 年重启地方政府债务发行，地方政府通过债务管理权限的扩大从而获得了金融资源，在一定程度上弥补了部分市县级的经济建设资金缺口。1994 年分税制改革后，地方政府职能转变，进一步理顺政府和市场、政府和社会、中央和地方的关系，但收支缺口逐步加大；地方政府受制于 1995 年版《预算法》《担保法》《贷款通则》等法律法规对举债融资的严格限制，地方投融资平台成为地方政府的重要政策工具，但随着平台债务规模的爆发式增长，也累积了大量的或有负债及债务风险。2008 年美国次贷危机引致全球金融危机，中央政府先行试点"代发代还"的地方政府发债模式，再到"自发代还"，直到 2014 年实现地方政府债务的"自发自还"模式。

　　党的十八大以来，党中央、国务院高度关注地方政府债务的管理和风险防控。党的十八大报告指出，在国家治理的整个体系中，财税体制体现着基础性和制度性的功能。那些没有规划的甚至是不合法的地方政府债务融资行为，促使地方政府承担了更多的债务负担和偿债风险。而允许地方政府发行债券，不仅有助于财税体制改革的顺利推进，还可以作为梳理中央和地方财政关系的一种手段。通过发行地方政府债券，可以为地方政府提供持续的、稳定的、规范的建设资金来源，降低事权与支出责任的不匹配程度。要实现地方政府债券的可持续性融资，必须结合实际融资需要和地区实际经济负担，做到有目的、有约束地筹集资金。

党的十八届三中全会通过的《中共中央关于全面深化改革若干重大问题的决定》明确提出，要建立规范合理的中央和地方政府债务管理和风险预警机制。2014 年《预算法》进行修订，同年 10 月国务院颁布《国务院关于加强地方政府性债务管理的意见》，为地方政府债务的管理构建起制度性的监管框架，地方政府债务管理进入规范化与法制化轨道。

党的十九大报告提出，要坚决打好防范化解重大风险的攻坚战。习近平总书记强调：实体经济健康发展是防范化解风险的基础。要注重在稳增长的基础上防范风险，强化财政政策、货币政策的逆周期调节作用，确保经济运行在合理区间，坚持在推动高质量发展中防范化解风险。[①] 对于防范风险提出既要高度警惕"黑天鹅"事件，也要防范"灰犀牛"事件；既要有防范风险的先手，也要有应对和化解风险挑战的高招。[②] 对地方政府债务而言，要规范债务的发行、使用、管理和偿还机制，完善债务绩效评价和预警体系等风险防控机制。

党的二十大报告提出，高质量发展是全面建设社会主义现代化国家的首要任务。从地方政府债务这个角度来讲，短期要着力加强风险源头管控，坚决遏制隐性债务增量；完善常态化的监测预警机制和市场化、法治化的债务违约处置机制，积极稳妥化解累积的地方政府债务风险。长期要稳步推进政

---

① 《习近平主持中共中央政治局第十三次集体学习并讲话》，中国政府网（http：//www. gov. cn/xinwen/2019 – 02/23/content_5367953. htm），2019 年 2 月 23 日。

② 《习近平在省部级主要领导干部坚持底线思维着力防范化解重大风险专题研讨班开班式上发表重要讲话》，中国政府网（http：//www. gov. cn/xinwen/2019 – 01/21/content_5359898. htm），2019 年 1 月 21 日。

府间财税体制改革，建立防控地方政府债务风险的长效机制。

地方政府债务风险问题是一个系统性问题，涉及政治、经济、社会和金融等诸多领域，囿于笔者的研究能力和研究时间，本书尚存不完善之处，有待后续研究的不断深入。总之，我国地方政府债务的治理和风险治理制度的建构与完善是一个不断发展的动态过程。随着现代财政制度的建立，必然会涉及更多更深层次的改革，必然导致现有的研究滞后于该问题在实践中的发展。因此，这亟待我们在未来的学习和研究过程中不断加以弥补、完善和深化。

参考文献

［1］安国俊：《欧债危机和美债危机的反思》，载于《中国金融》2011年第9期。

［2］安宇宏：《三期叠加》，载于《宏观经济管理》2015年第2期。

［3］白景明：《我国公共财政债务风险的衡量》，载于《中国金融》2012年第5期。

［4］蔡飞：《地方政府债务审计的作用分析》，载于《审计月刊》2011年第4期。

［5］蔡玉：《财政分权、中央税收攫取与地方政府债务扩张》，载于《财经问题研究》2016年第9期。

［6］陈冰洁：《我国地方政府债务风险预警研究》，南京航空航天大学2016年版。

［7］楚翠玲：《我国地方政府性债务风险预警体系研究》，山东财经大学2017年硕士论文。

［8］崔瑜：《地方隐性债务风险与治理》，载于《中国金融》2018年第20期。

［9］刁伟涛：《中国地方政府债务透明度评估》，载于《上海财经大学学报》2017年第19期。

［10］刁伟涛：《财政新常态下地方政府债务流动性风险研究：存量债务

置换之后》，载于《经济管理》2015 年第 11 期。

［11］董再平：《我国 PPP 模式政府性债务类型及特征分析》，载于《地方财政研究》2016 年第 9 期。

［12］傅笑文、傅允生：《地方政府债务扩张机制与债务风险研究》，载于《财经论丛》2018 年第 10 期。

［13］冯静、汪德华：《新中国政府债务 70 年》，中国财政经济出版社 2020 年版。

［14］高铁梅：《计量经济分析方法与建模——EViews 应用及实例（第二版)》，清华大学出版社 2009 年版。

［15］胡恒松、刘政等：《中国地方政府投融资平台转型发展研究 2021——产业投资与资本运营视角下的城投转型》，经济管理出版社 2022 年版。

［16］龚强、王俊、贾坤：《财政分权视角下的地方政府债务研究：一个综述》，载于《经济研究》2011 年第 7 期。

［17］［美］哈维·S. 罗森：《财政学》，平新乔译，中国人民大学出版社 2002 年版。

［18］吉富星：《地方政府隐性债务的实质、规模与风险研究》，载于《财政研究》2018 年第 11 期。

［19］贾康：《我国地方债务成因与化解对策研究》，载于《债券》2013 年第 9 期。

［20］姜长青：《建国以来三次发行地方债券的历史考察——以财政体制变迁为视角》，载于《地方财政研究》2010 年第 4 期。

［21］类承曜：《代理成本、外部性与我国地方政府投融资平台过度举债》，载于《宏观经济研究》2011 年第 10 期。

［22］李冬妍：《打造公共财政框架下全口径预算管理体系》，载于《财政研究》2010 年第 3 期。

［23］李建强、朱军、张淑翠：《政府债务何去何从：中国财政整顿的逻辑与出路》，载于《管理世界》2020 年第 36 期。

［24］李萍：《财政体制简明图解》，中国财政经济出版社 2010 年版。

［25］梁敏、管治华：《地方政府债务管理制度的路径依赖及政策建议》，载于《财会研究》2014 年第 10 期。

［26］刘李福、陈红、姚荣辉：《政府债务管理与债务风险预警体系构建》，载于《财会月刊》2014 年第 4 期。

［27］刘立峰：《地方政府建设性债务的可持续性》，载于《宏观经济研究》2009 年第 11 期。

［28］刘梅：《新〈预算法〉背景下地方政府债务治理思路和策略》，载于《西南民族大学学报（人文社科版）》2016 年第 10 期。

［29］刘尚希、赵全厚：《政府债务：风险状况的初步分析》，载于《管理世界》2002 年第 5 期。

［30］刘尚希：《财政新常态：公共风险与财政风险的权衡》，载于《光明日报》2015 年第 15 期。

［31］刘尚希：《控制公共风险是化解政府性债务风险的源头》，载于《经济经纬》2012 年第 2 期。

［32］刘尚希：《如何让地方债治理进入良性循环》，载于《中国财经报》2015 年第 7 期。

［33］刘尚希：《财政风险：从经济总量角度的分析》，载于《管理世界》2005 年第 7 期。

［34］刘尚希、石英华：《公共债务与财政风险》，中国财政经济出版社 2018 年版。

［35］刘煜辉：《高度关注地方投融资平台的"宏观风险"》，载于《中国金融》2010 年第 5 期。

［36］路军伟、卜小霞、刘慧芳：《政府会计规则执行机制问题研究——基于契约理论的视角》，载于《北京工商大学学报（社会科学版）》2019 年第 1 期。

［37］路振家、闫宁、范嘉琛：《化解我国地方政府债务风险的现实思考与政策选择》，载于《经济研究参考》2015 年第 40 期。

［38］马德功、马敏捷：《地方政府债务风险防控机制实证分析究》，载于《西南民族大学学报》2015年第2期。

［39］马骏、刘亚平：《中国地方政府财政风险研究："逆向软预算约束"理论的视角》，载于《学术研究》2005年第11期。

［40］毛锐、刘楠楠、刘蓉：《地方政府债务扩张与系统性金融风险的触发机制》，载于《中国工业经济》2018年第4期。

［41］苗庆红：《地方政府债务偿还机制研究》，载于《经济体制改革》2015年第7期。

［42］牟放：《化解我国地方政府债务风险的新思路》，载于《中央财经大学学报》2008年第6期。

［43］缪小林、程李娜：《PPP防范我国地方政府债务风险的逻辑与思考——从"行为牺牲效率"到"机制找回效率"》，载于《财政研究》2015年第8期。

［44］申相臣：《政府性债务预算之焦作试验》，载于《新理财》2010年第11期。

［45］沈雨婷、金洪飞：《中国地方政府债务风险预警体系研究——基于层次分析法与熵值法分析》，载于《当代财经》2019年第6期。

［46］孙晓羽、支大林：《地方政府债务风险防范与监控》，载于《宏观经济管理》2014年第7期。

［47］万立明：《地方经济建设公债发行初探（1959—1961）》，载于《中共党史研究》2017年第4期。

［48］王劲松：《地方政府债券发行中的风险及防范措施》，载于《经济研究参考》2014年第7期。

［49］王永钦、戴芸、包特：《财政分权下的地方政府债券设计：不同发行方式与最优信息准确度》，载于《经济研究》2015年第11期。

［50］王治国：《隐匿行为下的地方政府自行发债最优监管契约》，载于《管理评论》2020年第6期。

［51］温来成：《"十三五"时期我国地方政府债券市场发展研究》，载

于《地方财政研究》2016 年第 3 期。

［52］项后军、巫姣、谢杰：《地方债务影响经济波动吗》，载于《中国工业经济》2017 年第 1 期。

［53］闫鲁宁：《关于中央代发地方政府债券的延伸思考》，载于《地方财政研究》2010 年第 8 期。

［54］杨林、侯欢：《新型城镇化进程中防范地方政府债务风险的对策》，载于《经济研究参考》2015 年第 48 期。

［55］于长革：《防控和化解地方政府债务风险的思路和政策建议》，载于《经济研究参考》2017 年第 53 期。

［56］苑德军：《地方政府性债务风险七种表现》，载于《上海证券报》2014 年第 A03 期。

［57］张海星、靳伟凤：《地方政府债券信用风险测度与安全发债规模研究——基于 KMV 模型的十省市样本分析》，载于《宏观经济研究》2016 年第 5 期。

［58］张宏安：《新中国地方政府债务史考》，载于《财政研究》2011 年第 10 期。

［59］张立承：《地方政府隐性债务：学理分析与政策实践——"地方政府隐性债务"专题沙龙综述》，载于《财政科学》2018 年第 5 期。

［60］张同功：《新常态下我国地方政府债务风险评价与防范研究》，载于《宏观经济研究》2015 年第 9 期。

［61］赵全厚、息鹏：《中央与地方政府债务管理的演进及改革取向》，载于《地方财政研究》2009 年第 12 期。

［62］赵全厚、孙家希、李济博：《地方政府债券发行机制的国际比较》，载于《经济研究参考》2017 年第 34 期。

［63］赵全厚：《地方政府债务风险防范中的财政金融协调》，载于《财会月刊》2018 年第 24 期。

［64］赵焱、李开颜：《GDP 激励，债务审计与地方官员经济行为》，载于《宏观经济研究》2016 年第 7 期。

［65］赵珍：《当前融资模式下地方政府隐性债务风险探析》，载于《财政科学》2018 年第 2 期。

［66］郑洁：《地方政府性债务管理与风险治理——基于新〈预算法〉施行的背景》，载于《宏观经济研究》2015 年第 12 期。

［67］郑洁：《我国地方政府性债务预算研究》，中国财政经济出版社 2014 年版。

［68］郑洁、陈建：《我国地方政府债务的风险评估及治理路径》，载于《经济研究参考》2018 年第 21 期。

［69］郑洁、翟胜宝：《预算约束视角下的地方政府性债务管理研究》，载于《宏观经济研究》2014 年第 6 期。

［70］郑洁、寇铁军：《地方政府性债务预算的框架设计与实现路径选择》，载于《财政研究》2014 年第 7 期。

［71］郑洁、昝志涛：《地方政府隐性债务风险传导路径及对策研究》，载于《宏观经济研究》2019 年第 9 期。

［72］郑洁、仲熠辉、左翎：《我国地方政府自主发债的风险治理路径选择》，载于《宏观经济研究》2017 年第 8 期。

［73］郑洁、左翎：《地方政府性债务结构性风险及其治理研究》，载于《财经问题研究》2016 年第 7 期。

［74］周青：《地方政府投融资平台风险管理与度量研究》，重庆大学 2011 年博士论文。

［75］朱军、寇方超：《中国地方政府债务对全要素生产率的影响——兼谈地方政府债务扩张的动力源：来自强者还是弱者》，载于《河北大学学报（哲学社会科学版）》2019 年第 44 期。

［76］庄爱张：《我国地方政府债务成因及其风险控制——基于审计视角的分析》，载于 2014 年江苏省审计学会第三届理事（会员）论坛论文集。

［77］姜长青：《建国以来三次发行地方债券的历史考察——以财政体制变迁为视角》，载于《地方财政研究》2010 年第 4 期。

［78］万立明：《地方经济建设公债发行初探（1959—1961）》，载于

《中共党史研究》2017 年第 4 期。

［79］张宏安：《新中国地方政府债务史考》，载于《财政研究》2011 年第 10 期。

［80］李萍：《财政体制简明图解》，中国财政经济出版社 2010 年版。

［81］Brixi, Hana Polackova, Contingent government liabilities: a hidden risk for fiscal stability, World Bank, 1998, pp. 38 –42.

［82］Chay J. B., Trzcinka C. A., Managerial performance and the cross-s ectional pricing of closed-end funds, New York University Woeking Paper, 1999.

［83］Dafflon B., Beer-Tóth K., Managing local public debt in transition countries: an issue of self-control, *Financial Accountability & Management*, 2009, Vol. 25, No. 3, pp. 305 –333.

［84］George H., an evaluation of municipal "bankruptcy" laws and proce-dures, *Journal of Finance*, 1973, No. 28, pp. 1339 –1351.

［85］Gregory R. Stone, S. Ghon Rhee, the asian bond bank: a good idea to explore for credit enhancements, 2007, No. 7.

［86］Kidwell D. S., Trzcinka C. A., Municipal bonds pricing and the new york city fiscal crisis, *Journal of Finance*, 1982, Vol. 37, No. 5, pp. 1239 – 1242.

［87］Mila Freire, John Petersen, Marcela Huertas and Miguel Valadez, *Subnational capital markets in developing countries: from theory to practice*, World Bank Publications from The World Bank, 2004.

［88］Musgrave R. A., *The theory of public finance——a study in public economy*, McGraw-Hill Press, 1959.

［89］Oates W. E., *Fiscal federalism*, harcourt brace jovanovich press, 1972.

［90］Peng Jun and Peter F. Brucato, Do competitive-only laws have an impact on the borrowing cost of municipal bonds? *Municipal Finance Journal*, 2001, Vol. 22, No. 3, pp. 61 –76.

［91］Reinhart C. M. and Rogoff K. S., From financial crash to debt crisis,

American Economic Review, 2011, Vol. 101, No. 5, pp. 1676 – 1706.

[92] Stigler G. , the tenable range of functions of local governments, Federal Expenditure Policy for Economic Growth and Stability. Private wants and public needs. Norton New York, 1957, pp. 206 – 213.

[93] Ter-Minassian T. , J. Craig, Control of subnational government borrowing, *Fiscal Federalism in Theory and Practice*, 1997.

[94] Tiebout C. M. , A pure theory of local expenditures, *Journal of Political Economy*, 1956, No. 64, pp. 416 – 424.

[95] Wong C. , Bhattasali D, *China: national development and subnational finance*, International Bank for Reconstruction and Development, The World Bank, Washington DC, 2003, pp. 10 – 13.

[96] Yamitz J. B. , Risk premia on municipal bonds, *Journal of Finance & Quantitative Analysis*, 1978, No. 13, Vol. 3, pp. 475 – 485.